图说餐饮管理系列

餐饮企业采购业务实战指南

容莉 编著

图解版

化学工业出版社

·北京·

《餐饮企业采购业务实战指南》首先介绍餐饮企业采购基本认知,包括餐饮企业采购部门管理和餐饮企业的常见采购方式,再详细介绍餐饮企业网络采购模式、餐饮企业食品原料采购、酒水及其他物资采购、采购谈判与供应商管理、餐饮企业采购安全控制、餐饮企业验收作业控制、餐饮企业库存作业控制等的要求、方法、措施及细节。

本书是餐饮企业的实用管理工具书,书中收录的岗位职责、管理制度、管理流程、管理表格等多来源与国内知名餐饮企业。

《餐饮企业采购业务实战指南》内容涵盖面广,实用性强,图表为主。可供餐饮企业经营管理者及相关从业人员参考,也可供相关院校师生及培训机构教学使用。

图书在版编目(CIP)数据

餐饮企业采购业务实战指南:图解版/容莉编著. —北京:化学工业出版社,2019.1
(图说餐饮管理系列)
ISBN 978-7-122-33103-8

Ⅰ.①餐… Ⅱ.①容… Ⅲ.①饮食业-企业管理-采购管理-图解 Ⅳ.①F719.3-64

中国版本图书馆CIP数据核字(2018)第223853号

责任编辑:陈 蕾　　　　　　　　　　　　装帧设计:尹琳琳
责任校对:王鹏飞

出版发行:化学工业出版社(北京市东城区青年湖南街13号　邮政编码100011)
印　　刷:三河市航远印刷有限公司
装　　订:三河市瞰发装订厂
787mm×1092mm　1/16　印张12$\frac{3}{4}$　字数293千字　2019年1月北京第1版第1次印刷

购书咨询:010-64518888　　　　　　　　售后服务:010-64518899
网　　址:http://www.cip.com.cn
凡购买本书,如有缺损质量问题,本社销售中心负责调换。

定　价:58.00元　　　　　　　　　　　　　　　　　　　　　版权所有　违者必究

前 言

"民以食为天"。长期以来,餐饮业作为第三产业中的主要行业之一,对刺激消费需求,推动经济增长发挥了重要作用,在扩大内需、安置就业、繁荣市场以及提高人民生活水平质量等方面,也做出了积极贡献。

但是,近几年来,我们可以看到,由于受国内外经济增长放缓、食品安全等不确定因素增多的影响,餐饮业营业收入增幅也相应降低,与前几年的高速增长相比,已出现明显放缓迹象。

目前的餐饮行业在发展的同时,面临着食品原材料成本上升、劳动力成本提升、管理人才匮乏、成本控制难等多方面问题,行业竞争愈演愈烈。而且,餐饮业务构成复杂,既包括对外销售,也包括内部管理;既要考虑根据餐饮企业的内部条件和外部的市场变化,选择正确的经营目标、方针和策略,又要合理组织内部的人、财、物,提高质量,降低消耗。另外,从人员构成和工作性质来看,餐饮业有技术工种,又有服务工种;既有操作技术,又有烹调、服务艺术,是技术和艺术的结合。这必然给餐饮管理增加一定的难度。

餐饮企业要突破目前的困局,做大做强,必须调整好整个企业内部的人力、物力、财力,加强内部的管理,尽可能地降低成本,同时,要掌握好市场的动向,做好市场营销推广,为客户提供更优质的服务来吸引广大消费者,从而促使企业健康地成长下去。

基于此,我们组织了餐饮行业的一线管理人员、相关的咨询培训顾问和职业院校酒店餐饮专业的老师,共同编写了"图说餐饮管理系列"丛书第二辑四本。具体如下。

- 《餐饮企业采购业务实战指南》(图解版)
- 《餐饮企业人力资源管理指南》(图解版)
- 《餐饮企业营销促销实战指南》(图解版)
- 《餐饮管理与服务从入门到精通》(图解版)

本丛书板块设置精巧、图文并茂,以简洁精确的文字对餐饮企业各项工作的要点进行了非常生动、全面的讲解,方便读者理解、掌握。同时,本系列图书非常注重实际操作,使读者能够边学边用,迅速提高自身管理水平。

《餐饮企业采购业务实战指南》(图解版)首先详细阐述介绍餐饮企业采购基本认知,

包括餐饮企业采购部门管理和餐饮企业的常见采购方式,再一一分析介绍餐饮企业网络采购模式、餐饮企业食品原料采购、酒水及其他物资采购、采购谈判与供应商管理、餐饮企业采购安全控制、餐饮企业验收作业控制、餐饮企业库存作业控制等的要求、方法、措施及细节。

  本书由深圳职业技术学院酒店管理专业副教授容莉老师编著,樊春元、谷祥圣、陈波、王益峰、王丹、王红、王振彪、杨文梅、齐小娟、陈超、李相田、马晓娟、刘艳玲、冯永华、李景安、吴日荣、吴少佳、陈海川、马会玲、卢硕果、任克勇、曾红、梁文敏、匡仲潇参与了本书的资料收集和编写工作,容莉老师对全书相关内容进行了认真细致的审核。

编著者

目 录

第一章 餐饮企业采购规划

第一节 餐饮企业常见采购方式 ... 2
- 方式一：大型连锁餐饮企业统一采购 ... 2
- 方式二：集团统一采购与各区域分散采购相结合 ... 2
  - 案例　小肥羊集中采购和物流配送，降低门店运营成本 ... 2
- 方式三：本地采购与外地采购相结合 ... 3
  - 案例　麦当劳本土化采购 ... 3
- 方式四：餐饮企业联合招标采购 ... 4
  - 【范本】××餐饮企业食品招标采购公告 ... 5
  - 【范本】××餐饮企业招标文件 ... 5
- 方式五：加大科技投入实现电子采购 ... 11
  - 相关链接　关于推广餐饮企业电子商务采购平台的通知 ... 11
- 方式六：供应商长期合作采购 ... 12
- 方式七：同一菜系餐饮企业集中采购 ... 12
- 方式八：农餐对接——向农户直接采购 ... 13
- 方式九：餐饮企业自建原料基地 ... 13
  - 案例　著名餐饮企业原料基地 ... 13
  - 【范本】蔬菜种植协作合同 ... 14
  - 【范本】西红柿种植收购合同 ... 15

第二节 餐饮企业采购部门管理 ... 16
- 要点一：采购部门组织架构及部门职责 ... 17
- 要点二：采购部门与其他部门的协调 ... 17
- 要点三：采购部门绩效考核 ... 18
  - 【范本】××餐饮企业采购部绩效考核指标 ... 19

第三节 餐饮企业采购流程设计 ... 20
- 要点一：餐饮采购流程的环节 ... 20
- 要点二：采购流程设计的要求 ... 23
- 要点三：采购作业的基本流程 ... 24

第二章　互联网+下的餐饮企业采购

第一节　餐饮采购步入电商时代 ··· 29
　　要点一：餐饮业电商采购化的必然性 ··· 29
　　要点二：餐饮业电商采购现状 ·· 29
　　要点三：餐饮业电商化的优势 ·· 29
　　要点四：餐饮业电商采购的优势 ·· 30
　　要点五：制约餐饮业电商采购的因素 ··· 31
第二节　餐饮企业B2B采购 ··· 32
　　要点一：B2B采购的概念 ·· 32
　　要点二：B2B采购的优点 ·· 32
　　要点三：B2B采购的意义 ·· 33
　　要点四：B2B采购的模式 ·· 33
　　要点五：选对B2B餐饮采购平台 ··· 35
第三节　餐饮企业O2O采购 ·· 46
　　要点一：O2O采购重模式 ··· 46
　　要点二：O2O采购轻模式 ··· 46
　　要点三：选对O2O餐饮采购平台 ·· 47
第四节　餐饮App采购 ··· 55
　　内容一：采购App认知 ··· 55
　　内容二：采购App的功能 ··· 55
　　内容三：主要的采购App平台 ··· 55

第三章　餐饮企业食品原料采购

第一节　食品原料采购管理要点 ··· 61
　　要点一：食品原料采购程序 ··· 61
　　要点二：原料采购质量控制 ··· 62
　　要点三：鲜活类原料采购数量控制 ·· 64
　　要点四：干货及可冷冻储存原料采购数量控制 ··························· 65
第二节　蔬菜类采购标准 ·· 67
　　标准一：叶类蔬菜采购标准 ··· 67
　　标准二：根茎类蔬菜采购标准 ·· 69

　　　　标准三：瓜果类蔬菜采购标准 71
　　　　标准四：豆类蔬菜采购标准 72
　　　　标准五：菇菌类蔬菜采购标准 73
　　　　标准六：水果类采购标准 74
　第三节　肉类采购标准 76
　　　　标准一：猪肉采购标准 76
　　　　标准二：牛肉采购标准 78
　　　　标准三：羊肉采购标准 79
　　　　标准四：禽肉采购标准 80
　　　　标准五：其他肉类附属产品采购标准 81
　第四节　海鲜类采购标准 83
　　　　标准一：活鲜采购标准 83
　　　　标准二：冰鲜采购标准 84
　　　　标准三：鱼糜制品采购标准 86
　　　　标准四：海产干货采购标准 86
　第五节　其他食材采购标准 88
　　　　标准一：谷类原料采购标准 88
　　　　标准二：豆制品采购标准 90
　　　　标准三：植物油采购标准 90
　　　　标准四：调味品采购标准 91

第四章　酒水及其他物资采购

　第一节　餐饮企业酒水采购 95
　　　　酒水一：白酒采购 95
　　　　　　【范本】白酒销售合作协议书 97
　　　　酒水二：啤酒采购 98
　　　　　　【范本】啤酒销售合同 100
　　　　酒水三：葡萄酒采购 102
　　　　　　【范本】葡萄酒供货合同 104
　　　　酒水四：饮料采购 105
　　　　酒水五：确认酒水采购单 107
　第二节　餐饮企业其他物资采购 107
　　　　物资一：家具采购 107

　　　　　【范本】××餐饮企业家具订购合同 …………………………………… 109
　　物资二：餐具采购 ……………………………………………………………… 111
　　　　　【范本】××餐饮企业餐具购销合同 ………………………………… 112
　　物资三：厨房设备采购 ………………………………………………………… 114
　　　　　【范本】××餐饮企业厨房设备采购安装合同 …………………… 115
　　物资四：员工工作服采购 ……………………………………………………… 117
　　　　　【范本】××餐饮企业工作服购销合同 …………………………… 118
　　物资五：日常消耗品采购 ……………………………………………………… 119

第五章　采购谈判与供应商管理

第一节　采购谈判的准备 ………………………………………………………… 122
　　准备一：采购谈判规划 ………………………………………………………… 122
　　准备二：收集采购谈判资料 …………………………………………………… 124
　　准备三：制定采购谈判方案 …………………………………………………… 126
　　准备四：选择采购谈判队伍 …………………………………………………… 127
　　准备五：确定谈判地点 ………………………………………………………… 128
　　准备六：明确谈判立场 ………………………………………………………… 129
　　　　　案例　谈判中切勿一味地穷追猛打 ………………………………… 129

第二节　采购谈判的要点 ………………………………………………………… 130
　　要点一：采购谈判沟通技巧 …………………………………………………… 130
　　要点二：采购谈判禁忌 ………………………………………………………… 132
　　　　　案例　准备不周的教训 ……………………………………………… 132
　　　　　案例　脾气暴躁的后果 ……………………………………………… 133
　　要点三：采购员询价技巧 ……………………………………………………… 134
　　要点四：讨价还价技巧 ………………………………………………………… 135
　　　　　案例　迂回中求生存 ………………………………………………… 136

第三节　供应商管理 ……………………………………………………………… 137
　　要点一：供应商开发 …………………………………………………………… 137
　　要点二：供应商评价 …………………………………………………………… 140
　　要点三：供应商审核 …………………………………………………………… 143
　　要点四：供应商考核 …………………………………………………………… 145
　　要点五：采购合同审查要点 …………………………………………………… 146

要点六：制定供应商管理规定 147
　　　　【范本】××餐饮企业供应商管理规定 147
　　要点七：供应商档案管理 148

第六章　餐饮企业采购安全控制

第一节　采购安全知识 151
　　要点一：选择合格供应商 151
　　要点二：绿色食品选购 151
　　要点三：避免食品选购误区 152
　　要点四：签订食品进货安全协议书 153
　　　　【范本】食品供货安全协议 153
　　要点五：查验索取有关票证 154
　　要点六：开展质量验收 155
　　要点七：不采购明确禁止采购的食品及食品原辅材料 156
　　要点八：做好进货索证及验收记录 157

第二节　采购安全须知 158
　　须知一：我国安全食品结构 158
　　须知二：其他食品安全标志 160
　　须知三：食品中常见生物性危害因素 161
　　须知四：食品中常见化学性危害因素 162
　　须知五：食品中常见物理性危害因素 164
　　须知六：细菌性食物中毒常见原因 164

第七章　餐饮企业验收作业控制

第一节　验收作业管理要点 166
　　要点一：配备合格验收员 166
　　要点二：准备验收场地要求 166
　　要点三：配备验收设备、工具 167
　　要点四：制定餐饮原料验收程序 167
　　要点五：验收需做好防盗工作 169

第二节	商品验收须知	170
	须知一：直送商品验收	170
	须知二：配送商品验收	172
	须知三：食品验收标准	174
	须知四：生鲜商品验收标准	174
	须知五：肉类检验检疫票据验收	175
	须知六：肉质检验验收标准	177
第三节	不同类型退货管理	177
	类型一：本地退货	177
	类型二：异地退货	178
	类型三：返配退货	179

第八章 餐饮企业库存作业控制

第一节	餐饮原料的存放	181
	要点一：做好物品出入库记录	181
	要点二：明确食品储藏区域要求	181
	要点三：餐饮原料存放原则	182
	要点四：餐饮原料干藏管理	183
	要点五：餐饮原料冷藏管理	184
	要点六：餐饮原料冻藏管理	185
	【范本】××餐饮企业冷冻库管理规定	186
	要点七：酒水保管与储藏	187
第二节	盘点与调拨	188
	要点一：仓库定期盘存	188
	要点二：库外存货盘点	190
	要点三：实行定时发放	190
	要点四：内部原料调拨	192
第三节	仓库卫生与安全管理	192
	要点一：仓库安全管理	192
	要点二：仓库卫生管理	193

第一章
餐饮企业采购规划

☞ 第一节　餐饮企业常见采购方式
☞ 第二节　餐饮企业采购部门管理
☞ 第三节　餐饮企业采购流程设计

第一节 餐饮企业常见采购方式

方式一：大型连锁餐饮企业统一采购

在不超出价格弹性范围的情况下，所采购商品数量越大，压低价格的筹码也就越重，即所谓"多买贱卖，薄利多销"。目前，许多知名餐饮企业都采取统一采购。这种采购方式可以极大地提高规模效益，减少中间环节，有力地降低采购成本。

全聚德、便宜坊、真功夫等餐饮企业，采取扩大分店及连锁门店集中采购范围的采购方式，并加强定向订单采购。如图1-1、图1-2所示。

图1-1　全聚德

图1-2　真功夫

方式二：集团统一采购与各区域分散采购相结合

国内很多大型餐饮集团，如内蒙古小肥羊餐饮连锁有限公司、山东净雅餐饮集团等，采取了统一采购与分散采购相结合的采购模式。

 案例

小肥羊集中采购和物流配送，降低门店运营成本

小肥羊餐饮经营食品的原料种类繁多，季节性强，品质差异大。为此，小肥羊成立了物流配送分公司，在内蒙古包头、内蒙古锡林浩特设立了一级分拨中心，在北京、上海、深圳等城市和山东、陕西、河南、河北、甘肃、新疆等地区设立了二级分拨中心，业务范围覆盖全国，为小肥羊餐饮经营的集中采购、配送、仓储提供了后勤保障。

小肥羊对食材进行集中采购和统一配送，各门店在系统中上报采购需求，集团进行汇总分析后制订统一的采购计划，通过统一供应商管理和价格管理平台进行集中采购和财务结算，有效降低物料采购成本，提高了小肥羊集团的整体竞争优势。

同时，集团总部将物流业务系统延伸到连锁店，根据下属企业的要货申请，在集团内进行库存物资的分配、平衡，下达统一的内部配送指令，使连锁店与物流公司业务形成闭环，从而集中资源优势解决连锁店的原材料供应问题，降低连锁店运营成本。

餐饮企业可以借鉴其他行业企业的成功经验，对价值高、关键性的物资实行统一计划、统一采购，以获得规模经济，降低采购成本；对批量小的低值易耗品以及需要每日采买的果蔬、肉蛋、调料等物资，实行区域分散采购。

方式三：本地采购与外地采购相结合

在餐饮企业的日常经营中，大量的原材料一般都在本地就近购买，以便能够及时满足使用需求，但由于市场经济的作用，各地产品的价格都有所不同，尤其是干货、调料等，由于进货途径不同，各地的价格差异较大，这就需要餐饮企业采购部门深入地开展市场调查研究，掌握本地和外地各类产品的价格行情，从而有计划地去外地采购同等质量、低廉价格的食品原料。

麦当劳本土化采购

本土化采购对缩短采购周期和降低采购成本有极大的作用，而采购周期直接关系到保质期问题。麦当劳在中国的原材料采购额每年高达数十亿元人民币，最初部分原材料从国外进口，现在97%以上都在本地采购。

麦当劳有一套很好的运转机制，其所需原料有固定的供应商，有的已合作了40多年。麦当劳开到哪里，供应商就把厂建到哪里，双方形成了一种良好的合作伙伴关系。

作为必备产品，麦当劳的薯条受到严格的监控。1993年，麦当劳的主要薯条供应商辛普劳在北京成立合资公司，年产量1万吨以上。早在1982年决定进入中国之前，麦当劳便与辛普劳调查适合在中国加工的土豆品种，最后选定美国品种夏波蒂，然后从美国引进先进种植技术，对施肥、灌溉、行距、株距及试管育苗等都规定了统一标准。

美国可奈劳公司一直向麦当劳餐厅提供高质量的生菜。1997年麦当劳考虑采取本土化采购，于是可奈劳公司开始在广州建立分公司。为了确保产品质量，厂房和实验室设备几乎全部从国外进口。

美国福喜公司与麦当劳有40多年的合作关系。1991年福喜在河北成立独资企业，为麦当劳提供肉类产品及分发配送服务。福喜有一套完整的产品质量保证体系，每个工序均有标准的操作程序。比如，生产过程采用统计工艺管理法，关键质量控制点采用现场控制图法，每种产品都有几个质量控制指标，确保食品质量。

1995年麦当劳在北京建立生菜薯条生产厂，在昆明建立了汉堡包生产厂。面粉供应商是北京大晓坊面粉公司、新烟面粉公司、河北马力酵母公司，其自愿参加了美国烘焙协会的标准检查，以确保产品质量。

广州味可美公司由麦当劳美国供应商独家投资，1996年开始营运，专门为麦当劳提供西式调味料、酱料和雪糕顶料等。麦当劳两款特色食品——冷冻苹果派和菠萝派则由美国百麦公司和北京合资企业生产，95%的原料在中国采购，一小部分调味品从外国进口。

方式四：餐饮企业联合招标采购

餐饮企业可以在地区内联合几家企业进行联合招标采购，扩大采购规模，形成规模优势，以降低采购成本和产品原料价格。

招标采购是指企业提出品种规格等要求，再由卖方报价和投标，并择期公开开标，通过公开比价以确保最低价者得标的一种买卖契约行为。招标采购提倡公平竞争，可以使购买者以合理价格购得理想货品，杜绝徇私、防止弊端，但是手续较烦琐、费时，不适用于紧急采购与特殊规格货品的采购。

1. 餐饮企业采购招标流程

餐饮企业采购招标流程如图1-3所示。

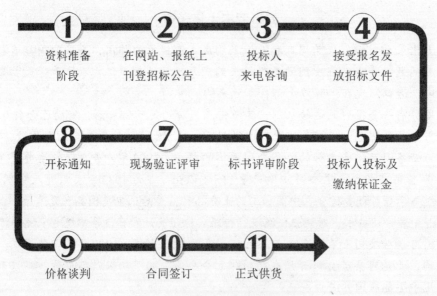

图1-3 餐饮企业采购招标流程

现对招标流程中的各个步骤进行具体说明。

（1）资料准备阶段：餐饮企业准备招标文件及登报公告。

（2）在网站、报纸上刊登招标公告：联系当地报纸或网站刊登招标公告。下面提供一份招标公告示例，供读者参考。

【范本】

××餐饮企业食品招标采购公告

为体现招标的公平、公正、公开，提高招标透明度，规范招标行为，根据《中华人民共和国招标投标法》等有关规定，××餐饮企业以公开招投标方式进行采购招标，现将有关招标事项公告如下。

一、招标单位

（略）。

二、招标项目及具体内容

大米、食用油、酱油、味精、猪肉、豆制品、蔬菜、鸡蛋、鸭蛋、水果等。

三、投标人资质要求

详见招标文件。投标者须遵纪守法，无犯罪记录，服从本公司管理。

四、招标方式

（略）。

五、中标方式

（略）。

六、报名时间

（略）。

七、开标日期

（略）。

八、联系方式

联系人：×××　　　　　电话：××××××××××

（3）投标人来电咨询：餐饮企业热情接听投标人的咨询电话，详细解答报名手续问题，主动邀请投标人前来报名洽谈。

（4）接受报名及发放招标文件：餐饮企业热情招待投标人，做好相关接待工作；由两名以上评标成员为投标人办理投标登记手续，审查报名资料，并与投标人洽谈；对投标人进行初步评定，形成书面记录，并发放招标文件给投标人。下面提供一份招标文件示例，供读者参考。

【范本】

××餐饮企业招标文件

一、投标人资格

1.凡具有合格经营法人资格，有生产或供应能力，符合并承认和履行招标文件中的各项规定的企业或个体经营户，均可参加投标。

2.在公司确定合格投标人之前，有必要对投标人进行实地走访，投标人需按照

《招标文件》的规定准备好有关资料备查，否则视为不合格。非合格投标人不得参加投标、报价。

二、投标费用

投标人应自行承担所有与参加投标有关的费用，不论投标的结果如何，本公司在任何情况下均无义务和责任承担这些费用。

三、投标方式

投标人应按照招标人的要求，在有效的时间范围内参加投标。

四、投标文件构成

1. 按照《招标文件》要求提交的全部资料。
2. 《商品报价》。
3. 第八条规定的投标保证金。

五、投标报价格式

1. 投标人的投标报价须报单类商品单价的下浮值。
2. 投标人必须按照所投类别下的全部商品目录进行报价，否则投标不成功。
3. 所有有效期内的招标报价包含运送装卸费用。

六、投标文件的有效期

本投标文件自发标之日生效，有效期截止到＿＿＿＿年＿＿＿月＿＿＿日。

七、投标货物符合招标文件规定的说明

投标人必须依据招标文件中招标项目的要求及买方对产品包装、规格、品质的要求进行投标，对商品要求有异议时可申请买方澄清。对于同类可替代的产品，必须事先征得公司招标小组同意后方可替代。

八、投标保证金

1. 投标人应提交＿＿＿＿元的投标保证金，作为其投标文件的一部分。
2. 投标保证金是为了保证买方不会因投标人的不当行为而蒙受损失。公司有权以投标人的不当行为为由没收投标人的投标保证金。
3. 投标保证金为现金，由投标人在报名时交给公司。
4. 对未提交投标保证金的投标人，公司将拒绝其参加投标。
5. 未中标人和未被评为预备中标人的投标人，其投标保证金予以无息退还。
6. 发生下列任何一种情况时，投标人的投标保证金将被没收。
（1）投标人中途放弃投标。
（2）有证据显示投标人有串标行为。

九、投标、开标时间

＿＿＿＿年＿＿＿月＿＿＿日。

十、开标

＿＿＿＿年＿＿＿月＿＿＿日，餐饮企业评标小组在《招标文件》规定的地点主持开标。

十一、评标原则

1. 按照单类商品总价排名进行评标，并宣布中标人和预备中标人。
2. 评标的主要依据为全部投标人所出标价中的最低价。

3.评标时除考虑投标报价以外,还将考虑以下因素。

(1)投标人的综合实力、业绩和信誉。

(2)投标货物的质量和适应性。

(3)投标人的配送周期和供货能力。

(4)售后服务承诺。

4.如果某类商品投标人少于三人,评标小组可以视具体情况宣布该类商品的此次招标无效。招标人将退回投标保证金,另行组织招标或根据公司《物品采购办法》采用其他采购办法。

5.最低投标报价不能作为中标的唯一保证。

十二、评标办法

1.评标小组由公司采购领导小组成员代表和上级部门领导组成。评标小组对所有投标人的投标采用相同的标准进行评标。

2.若投标人在评标过程中有企图影响评标结果的不符合招标规定的行为,本公司将取消其中标资格。

十三、中标及预备中标人通知

1.开标结束当日,以公告形式发出"中标通知书","中标通知书"一经发布即具有法律效力。

2.在公布招标结果的当日,招标人向未中标人退还投标保证金。

十四、签订合同

1.中标人接到"中标通知"后,按规定的时间和地点与公司签订合同。

2.本招标文件、投标人的报价、投标操作及评标过程中形成的文件均作为签订合同的依据,并成为合同的附件,对合同双方均具有法律约束力。

十五、履约保证金及收取标准

1.中标人在签订购销合同之前向招标人交纳履约保证金,如中标人在合同履行过程中有违约行为,则扣罚其违约保证金。

2.履约保证金按下列标准收取,具体见下表。

履约保证金收费标准

序号	产品类别	履约保证金收费标准/元
A	蔬菜类	2000.00
B	肉类	2000.00
C	冻品类	2000.00
D	鲜活水产类	1000.00
E	豆制品类	500.00

十六、违约

当中标人因严重违约被取消中标人资格时,公司将从其他预备中标人中重新选择。

投标价高于最低标的上家成为新的中标人，组织签订新的合同。

附：

××餐饮企业招标商品目录

A：蔬菜类

序号	品名	质量	产地（蔬菜公司）	市场批发单价下浮值	参考量/千克
1	苋菜	优			
2	大白菜	优			
3	鞭笋	优			
4	凉粉	优			
5	咸菜	优			
6	酸菜	优			
7	……				

B：肉类

序号	品名	质量	质检单位	市场批发单价下浮值	参考量/千克
1	条肉	优			
2	纯精肉	优			
3	大排	优			
4	条排	优			
5	……				

C：冻品类

序号	品名	包装规格	质量	厂家	市场批发单价下浮值	参考量/千克
1	冻鸡翅		优			
2	冻小鸡腿		优			
3	冻鸡肾		优			
4	冻鸡胸		优			
5	冻大鸡腿		优			
6	……					

D：鲜活水产类

序号	品名	包装规格	质量	产地	市场批发单价下浮值	参考量/千克
1	河虾		优			
2	对虾		优			
3	鱼丸		优			
4	湖蟹		优			
5	……					

E：豆制品类

序号	品名	包装规格	质量	产地	市场批发单价下浮值	参考量/千克
1	豆腐		优			
2	千张		优			
3	腐皮		优			
4	素鸡		优			
5	油豆腐		优			
6	……					

（5）投标人投标及缴纳保证金：投标人在规定时间内报送标书，报送时一并缴交保证金或提供缴款凭证，否则视为废标。

（6）标书评审阶段：评审组集体评审标书，并按品种选出得分较高的三个投标人入围。

（7）现场验证评审：评审组根据入围名单，分别到入围中标者的生产或储存现场进行实地考察和了解。

（8）开标通知：综合评审得分，每个品种选出两家中标及一家备用单位，通知投标人开标结果，并向未中标人退回保证金。

（9）价格谈判：通知中标人进行价格谈判。

（10）合同签订：与中标人签订供货合同，并将投标保证金转为合同保证金（或其一部分）。

（11）正式供货：供货期长短以招标公告为准。

2.需初步评定的项目标准

餐饮企业与投标人洽谈时，需初步评定的项目标准见表1-1。

表1-1 需初步评定的项目标准

序号	项目类别	洽谈事项
1	企业规模及知名度	了解投标人单位的经营性质、注册资本、经营场地、设备、员工人数、经营效益以及在行业内的知名度
2	资质情况	（1）投标人提供的营业执照、组织机构代码证、税务登记证、卫生许可证等是否齐全、是否在有效期内 （2）投标人是否具有食品卫生等级认定、QS食品认证、ISO质量体系认证等相关资格证书
3	信誉情况	（1）投标人的第三方信誉评定等级，如工商部门颁发的"重合同守信用"单位、银行资信等级、税务部门的缴税情况等 （2）投标人在行业内的口碑以及客户的反馈情况等
4	质量情况	（1）投标人生产工艺情况、有无专职品管人员进行品控、有无建立完善的质量管理制度和体系 （2）投标人能否提供所供应货品的检验报告和质量证明等 （3）投标人所提供货品的样品质量 （4）投标人是否接受本公司派员到其生产或储存现场实地考察
5	报价情况	在投标品种中随机抽取几种物品询问价格，并与同期市场批发价格对比，判断价格是否属实和适宜
6	承诺情况	投标人对本公司提出的供货质量、地点、送货时间等方面的要求是否能予以满足
7	其他条件	投标人获得的荣誉称号或能证明其实力、服务水平等各方面优势的条件等

3. 确定采购具体内容

餐饮企业需要与供应商确定的相关内容主要包括以下6类，具体如图1-4所示。

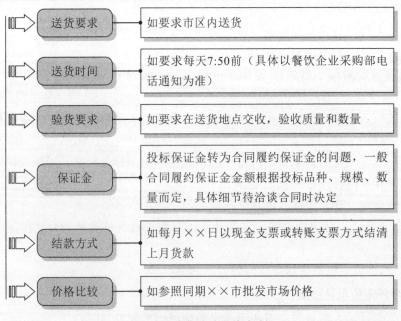

图1-4 确定采购具体内容

方式五：加大科技投入实现电子采购

电子采购将成为采购业发展的一大趋势，因此餐饮企业应顺应潮流、及时行动，加大对电子商务的投入，逐步实现电子销售和电子采购一体化的在线供应链管理。一方面推行并不断改进"为订单而采购"的经营模式，最大限度地缩减销售物流与采购物流之间的中转环节——库存物流，按需求定供应，以信息换库存；另一方面再造销售模式和采购模式，逐步实现在线、实时的电子采购并不断提高其份额。

相关链接

关于推广餐饮企业电子商务采购平台的通知

各省、自治区、直辖市、计划单列市、省会城市及新疆生产建设兵团商务主管部门，各地饭店与餐饮（烹饪）协会，饭店与餐饮企业：

为贯彻落实商务部关于《全国餐饮业发展规划纲要（2009～2013）》和《关于加快流通领域电子商务发展的意见》文件精神，加快餐饮业转变发展方式，推进餐饮业电子商务与信息化建设，倡导绿色安全、节约型餐饮，健全食品安全可追溯体系，我中心联合有关单位共同推出铭扬网餐饮企业电子商务采购平台（以下简称铭扬网采购平台）。现将有关事项通知如下：

一、推广电子采购平台是餐饮业全面升级的重要举措

在科学技术日新月异的今天，餐饮等服务行业的竞争力越来越取决于现代经营方式的推广力度，取决于电子网络平台、现代物流科技的应用程度。虽然近年我国餐饮业进入快速发展阶段，规模化和连锁化步伐加快，初步形成从传统手工向现代产业转型发展的新格局，但也面临着一些亟待解决的问题，特别是规范化、信息化程度低，食品安全隐患等制约着餐饮行业的整体发展。

餐饮企业电子商务采购平台，针对行业发展存在的薄弱环节，在促进连锁经营、实现企业现代化管理、推行绿色采购、保障食品安全可追溯等方面将发挥积极作用，是加快餐饮业优化升级的有效手段，具有重要的现实意义。

二、铭扬网采购平台特点与优势

铭扬网采购平台（www.mycgw.com）是专门针对现代餐饮连锁企业和优质供货商而建立的全国性电子采购协同平台。它采用国际先进的"软件即服务"模式，基于互联网，为餐饮企业和供应商提供一整套在线采购、销售、库存、发货、结算的解决方案。其主要特点表现在：一是操作简单，连接网络或手机即可处理采购和供货业务；二是实时快捷，自动生成各种报表，省去大量人工统计，避免结算误差；三是稳定可靠，由专人维护后台服务器，提供免费升级，保证数据安全，永不丢失。

铭扬网采购平台的主要优势在于：第一，极大优化企业业务流程，在线实现采购的精细管理，把企业从繁杂的手工单据报表中解脱出来，避免单据丢失和资源浪费，

明显提高餐饮业采购工作效率和管理水平；第二，便于企业高层管理者控制采购成本，实时掌控企业采购情况，有效提升企业利润率；第三，帮助企业建立安全可靠的进货渠道，提供完整的原材料可追溯系统，从根本上确保食品安全。

三、使用铭扬网采购平台企业应具备的条件

（1）具有法人资格，是全国限额以上餐饮连锁企业。
（2）拥有至少3家以上连锁店。
（3）具有一定的品牌知名度，是全国重点餐饮企业或区域龙头餐饮企业。
（4）具有明显的发展潜力和竞争优势，具备一定的现代化管理基础。

四、工作目标及推广计划

（略）。

五、成立项目组，加强组织推广

（略）。

六、联系方式

（略）。

2010年5月18日

方式六：供应商长期合作采购

餐饮企业可以与供应商签订长期采购合作协议，实行成本定价，以此来达到降低成本的目的。

方式七：同一菜系餐饮企业集中采购

同一菜系所用食材原料大多相同，如川菜中用到的花椒和麻椒、湘菜中用到的辣椒、粤菜中用到的蚝油等。因此，同一菜系餐饮企业可以联合起来进行集中采购，建立统一采购平台。如图1-5、图1-6所示。

图1-5　川菜餐饮企业可以统一采购花椒　　图1-6　湘菜餐饮企业可以统一采购辣椒

餐饮企业经营中最主要的问题是"两材"，即人才与食材具体如图1-7所示。

图1-7 餐饮企业经营中的"两材"

方式八：农餐对接——向农户直接采购

餐饮企业直接与生产源头进行对接，可缩减两个终端间的中间环节，确保农产品源头可追溯，质量也更加有保障，价格也相对稳定。

目前"农餐对接"中面临着很多问题，如生产规模不能满足市场需求、不能长期稳定地满足企业创新菜品所需原料需求等。餐饮企业可以建立"农餐对接"长效机制，进行基地考察，研究合作模式，确保主要农产品的安全、有效供给。

方式九：餐饮企业自建原料基地

最近几年，餐饮企业原材料价格十分不稳定，部分出现大幅上涨。餐饮企业可以自己建立主要原料生产基地，以确保在原料供应和采购价格上的自主权。

小提示

餐饮企业自建原料基地的好处是可以从种植、养殖环节开始质量管控，直接实现产品可追溯，最大限度地保障食品安全。

 案例

著名餐饮企业原料基地

重庆著名餐饮连锁企业陶然居，其店面每年需要大量的田螺、老腊肉、板鸭、土鸡、干海椒、花椒等，这些菜品原料绝大部分都是在企业自建的生态养殖基地种养的。

无锡穆桂英美食广场则建立了安徽凤阳粮食、浙江北天目湖家禽、宁夏盐池牛羊肉、贵州黔西南州野生菌、云南昭通猪肉火腿、苏北

陶然居的原料来自于自建基地

高宝湖淡水产品、吉林糯米、无锡大浮蔬菜八个原料基地，专门为其供应原料。

小肥羊的肉材都来自锡林郭勒草原基地、巴彦淖尔草原基地和呼伦贝尔草原基地，它是国内生产规模最大、技术水平最高的羊肉加工企业，也是国内首家获得有机食品认证的羊肉加工企业。

此外，武汉艳阳天、小蓝鲸也分别建立了武昌鱼养殖基地、莲藕直供基地等，可以让餐饮企业尽量避免被市场价格变动所波及。

餐饮企业可以在农村直接建立自己的原料生产基地，减少中间转手销售环节，确保原料价格波动不超出企业承受范围。当然，餐饮企业要与农户签订收购协议，这样不但可以保证原料的数量和质量，也可保证价格的稳定，避免受到市场经销商、运输等其他因素的干扰。如图1-8所示。

图1-8　某餐饮企业的蔬菜基地

下面提供两份种植收购合同范本，供读者参考。

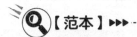

蔬菜种植协作合同

甲方：××餐饮连锁有限公司

乙方：××村村委会

为做好餐饮企业蔬菜基地的生产工作，为消费者提供优质蔬菜产品，同时带动和提高农户的种植效益，双方本着互惠互利、共同发展的原则，就蔬菜基地的建设和发展签订如下合同。

（1）甲方负责确定蔬菜种植规模，制定种植技术操作规程，提供技术指导，并按照订单收购农户的产品；乙方负责组织农户落实各项具体的种植工作。

（2）乙方负责为甲方安排绿色食品蔬菜种植户____个，种植品种和面积分别为____、____、____。

（3）乙方组织农户按甲方要求进行生产并及时按甲方订单要求送货。

（4）甲方负责制定产品收购质量标准。农户蔬菜产品验收合格后，甲方按高于市场价5%的价格收购。结算方式为现金结算，即随购随付款。

（5）产品收购合同由餐饮公司下属蔬菜配送中心和农户各行签订。

（6）以上条款双方需共同执行，未尽事宜双方协商解决。

（7）本合同有效期为三年。

（8）本合同一式二份，甲乙双方各执一份，盖章后生效。

甲方：_____　　　　乙方：_____

____年____月____日　　　　　　____年____月____日

【范本】

西红柿种植收购合同

甲方：××餐饮连锁有限公司

乙方：×××　　　　身份证号：_____

为加快发展农村经济，确保农业种植增产增收，同时为餐饮企业提供优质食品原料来源，本着公平、公正、诚实守信和互惠互利的原则，双方经协商制定本收购合同。

一、甲方责任

（1）甲方负责提供乙方种植所需要的西红柿种苗，西红柿种苗需无病虫害、根系良好，品种纯正率和成活率在95%以上，价格为_____元/株。

（2）西红柿预定种植面积为_____亩，种苗数量为_____株，具体以发苗欠款凭条数量和金额为准。

（3）发放种苗时乙方写欠款凭条给甲方，收购西红柿时甲方从乙方交售给甲方的西红柿货款中一次性扣足抵付欠款。

（4）甲方负责根据乙方生产进度及时提供技术支持和服务，精心安排乙方种植进度和田间管理措施。种植生产措施以甲方安排为准，乙方不得自行安排或更改。如私自更改种植安排和措施，造成减产或绝收的损失由乙方全部负责。

（5）甲方负责指导购买乙方种植西红柿所需要的生产物资。

（6）甲方现款收购乙方交来的合格西红柿。甲方按随行就市价进行收购，并以综合保护价格（_____元/千克）进行保护性收购。综合保护价计算方式：乙方一年内即按收购标准，乙方最后一次交货时，与甲方统一汇总交货总量和收购单价，算出一年内交货数量的平均单价，如平均收购单价低于综合保护价，甲方须按综合保护价补足乙方货款。

二、乙方责任

（1）根据甲方的种植安排，乙方必须按时、按量、按质提供种植西红柿所需要的生产物资和劳力。

（2）乙方必须根据甲方的种植安排及时搞好生产，不得以任何理由推诿、拒绝、拖延甲方的生产安排，否则造成的损失全部由乙方负责赔偿。

（3）乙方必须按收购合同标准及时采收合格西红柿并全部交给甲方，不得未按甲方的收购时间自行采收或将不合格西红柿交给甲方。

（4）乙方必须在＿＿＿＿年＿＿月＿＿日至＿＿＿＿年＿＿月＿＿日内，向甲方交付合格西红柿＿＿＿吨。如有特殊情况需要提前或延期，应事先通知甲方，并经双方达成协议后按协议执行。

三、违约责任

（1）甲方必须按市场价格进行收购，如有违约，则应按每吨＿＿＿＿＿＿元的标准赔偿乙方损失。

（2）无论交货时市场价格怎样，乙方须保证将所种植的西红柿合格品全部交售给甲方，如发现有以次充好、卖给其他商家或采收不成熟西红柿出售的行为，按＿＿＿＿＿＿元/吨的标准向甲方支付违约金。

（3）乙方未按甲方的安排进行生产，所造成的所有损失（包括甲方的种苗和有关费用）由乙方赔偿（自然灾害或不可抗力造成的损失除外）。

（4）因甲方技术指导不力造成大量减产（自然灾害或不可抗力造成的损失除外），所有损失由甲方负责赔偿。

四、物资筹备清单

注：以1亩的需要量作为核算标准。

复合肥：＿＿＿＿＿＿＿千克。

农家肥：＿＿＿＿＿＿＿千克。

地膜：＿＿＿＿＿＿＿千克。

农药：＿＿＿＿＿＿＿千克。

五、其他约定

在合同执行过程中若出现纠纷，双方协商解决或者依法裁决。若甲乙双方的任何一方要求变更或解除合同时，应及时通知对方，双方应采用书面形式达成协议。未达成协议以前，原合同仍然有效。一方在接到另一方变更或解除合同的要求后，应在15天内做出答复，逾期不做答复的即视为默认。

此合同一式两份，双方各执一份，经双方签字盖章后生效，双方应严格遵守。

甲方：＿＿＿＿＿＿＿＿＿＿＿　　乙方：＿＿＿＿＿＿＿＿＿＿＿

＿＿＿＿年＿＿月＿＿日　　　　　＿＿＿＿年＿＿月＿＿日

第二节　餐饮企业采购部门管理

采购部是餐饮企业的一个重要部门，主要负责餐饮企业各种物资的采购工作。采购部门主要由采购经理、采购主管、仓库主管、采购员、验收员、仓管员等组成。餐饮企业对采购部及采购部人员的管理要从明确职责、选择人员、开展培训、绩效考核等方面入手。

要点一：采购部门组织架构及部门职责

1. 采购部门组织架构

不同规模的餐饮企业，其采购部门的设置也有所不同。有些企业的采购部隶属于财务部，有的则是单独的一个部门，其组织架构如图1-9所示。

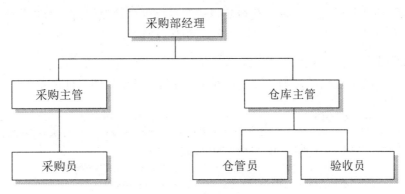

图1-9　采购部门组织架构

2. 采购部门职责

餐饮企业采购部门的职责主要包括以下7点，如图1-10所示。

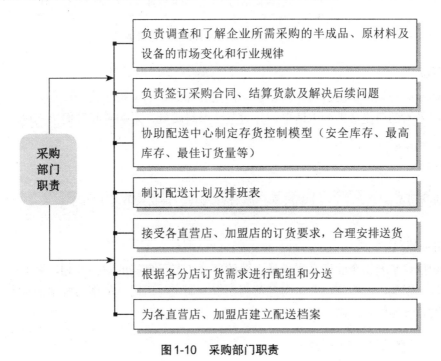

图1-10　采购部门职责

要点二：采购部门与其他部门的协调

采购业务牵涉的范围广、涉及的部门多，因此采购部门要想使采购业务顺利进行，并获得良好的工作绩效，除了本部门人员努力工作外，还需餐饮企业内部有关部门密切配合。

采购部门工作人员必须建立良好的人际关系，提升自身的协调能力，以便获得有关部门的支持与协助。

1. 管理部门

采购部门应将与供应商接触所获得的市场信息提供给管理部门作为经营依据。管理部门则应将税费结构、汇率趋势等信息提供给采购部门参考。

2. 餐饮部门

采购部门与餐饮部门的协调主要表现在3个方面，具体如图1-11所示。

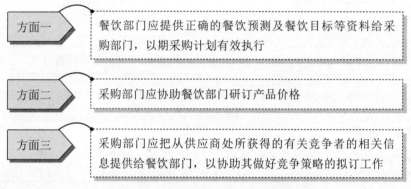

图1-11　采购部门与餐饮部门的协调

3. 厨房

采购部门必须与厨房密切合作，共同商定食品原料的采购规格和库存量。厨房需要每日定时向采购部门提交采购申请单，并对采购原料质量、采购时间等提出建议。

> **小提示**
>
> 厨房可以协助采购部门加快库存原料的周转，推销处理积压原料。

4. 财务部门

采购预算是餐饮企业资金需求最主要的部分，若无良好的财务计划，采购工作将无法顺利进行。因此，采购部门应与财务部门在资金调度与运用、汇率与利率的价差、付款条件与额度等方面做好协调工作。

要点三：采购部门绩效考核

餐饮企业要对采购部门进行绩效考核，就必须明确采购部门的绩效考核指标。下面提供一份××餐饮企业采购部绩效考核指标，供读者参考。

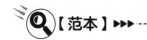

××餐饮企业采购部绩效考核指标

序号	指标	说明	计分规则	数据来源
1	采购成本预算超支率	采购成本预算超支率＝采购实际成本÷采购预算成本	（1）等于目标值，得100分 （2）超过目标值的130%，不得分 （3）每超过目标值5%，减10分 （4）每低于目标值5%，加5分 （5）其余按线性关系计算	财务部
2	供货及时率	满足生产要求，防止生产经营中断	每超过一天，减5分；超过10天，不得分	厨房及其他使用部门
3	采购产品质量合格率	采购产品符合生产经营质量要求	（1）等于目标值，得100分 （2）低于目标值的70%，不得分 （3）每低于目标值5%，减10分 （4）每超过目标值5%，加10分，最高120分 （5）其余按线性关系计算	厨房及其他使用部门
4	存货资金周转率	降低库存，控制采购资金占用 存货资金周转率＝营业成本÷平均存货	（1）等于目标值，得100分 （2）低于目标值的70%，不得分 （3）每低于目标值5%，减10分 （4）每超过目标值5%，加10分，最高120分 （5）其余按线性关系计算	财务部报表
5	采购费用超支率	采购费用超支率＝（实际发生采购费用－预算采购费用）÷预算采购费用 采购费用指采购过程中发生的差旅费、交通费等，不包括货物价格、运输费用等	（1）等于目标值，得100分 （2）超过目标值的130%，不得分 （3）每超过目标值5%，减10分 （4）每低于目标值5%，加5分 （5）其余按线性关系计算	财务部报表
6	采购账务差错率	应付账款账务出现遗漏、错误等的次数	没有出现错误，得100分；出现一次及一次以上错误，不得分	财务部
7	采购信息管理	统计报告及时性、采购价格信息和供应商信息系统建设的完整性	由上级主管领导直接评分	总经理办公室、本部门记录
8	部门费用预算超支率	严格按预算和制度控制部门费用支出	（1）等于预算值，得100分 （2）每超过预算值5%，减10分，超过30%，不得分 （3）每低于预算值5%，加5分，最高140分 （4）其余按线性关系计算	财务部报表
9	部门计划完成率	部门工作计划完成情况	上级直接评分，得分范围为0～100分	部门年终总结

第三节　餐饮企业采购流程设计

作为餐饮业的"入口",采购的工作从来不是轻松的。试想,餐饮采购的物资上千种,每个品种的进货渠道都不一样,标准要求各不相同,价格和质量也有很大差异,要采购价廉物美的物资,确实不是件容易的事。又因采购任务涉及人员、部门众多,包括的环节琐碎庞杂,因此,作为餐饮企业,有必要从整体上对采购程序进行把握。

要点一：餐饮采购流程的环节

作为餐饮企业经营管理中的重要环节,采购工作只有严格按照一定的流程进行,才能降低物资成本、加速资金周转及提高经济效益。采购流程主要包括如图1-12所示的6个环节。

图1-12　采购流程包括的环节

1. 采购计划的审批

严格审批采购计划手续,是采购管理的关键。无论是餐饮企业的哪个部门,都应编制物资需求计划,于每月月末报下月份物资需求计划,并交财务进行成本控制审核,然后再报送财务经理、主管副总审批,最后经由总经理批准后转采购员。具体申购类型及审批手续见表1-2。

表1-2　采购计划的审批手续

序号	申购类型	审批手续
1	仓库补充申购	仓库需要补充材料时,仓库保管员提出申请,填写物品申购单,交财务进行成本控制审核,然后再送财务经理审批,最后报总经理批准后转采购部
2	零星物品的申购	一些零星物品的申购,由其使用部门提出申请,使用部门负责人根据库存情况审核签字,然后送财务经理、主管副总审批,最后报总经理批准后转采购员

续表

序号	申购类型	审批手续
3	食品原材料申购	食品原材料批量采购采取足期补给的办法,由餐饮部报申购计划,然后交财务进行成本控制审核,再送财务经理、主管副总审批,最后报总经理批准后转采购员
4	鲜活原料的申购	厨房每天所需的鲜活原料,由厨师长、餐饮总监签字后,于每天晚班前转采购员

2. 采购物资的择商

采购物资的择商包括如图1-13所示的4个步骤。

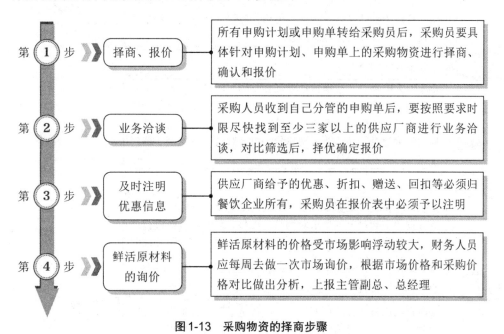

图1-13 采购物资的择商步骤

3. 采购物资的审批

采购物资只有在审批手续齐全后,才能实施购买。具体要求如下。

(1)采购非入库物资。采购非入库物资时应由部门提出申请,部门总监或经理签字后送财务进行成本控制审核,根据各部门"物品需求计划"对申购物资计划进行审核签字后,送财务经理、主管副总审批,最后送总经理批准后,再转采购员进行采购。

(2)采购入库物资。采购入库物资由仓库保管员根据用量及库存量提出申请,经使用部门经理签字后交财务进行成本控制审核,根据各部门"物品需求计划"及库存量对申购物资计划进行审核签字后,送财务经理、主管副总审批,最后报总经理批准后,再转采购员进行采购。

(3)采购原材料。采购原材料由各厨房于每日下午3:00前报次日原材料采购单,由厨师长、餐饮总监签字后报采购部,采购员根据采购单,通知各供货商准备原材料,并要求于次日上午9:00前准时到货。

4. 采购物资的验收

把好物资验收关，对不符合采购申请单内容的物资一律拒收或补办手续。具体要求如图1-14所示。

要求一　仓管员验收

不管是采购人员自购还是供应商送货，货到餐饮企业后，一定要经过仓管员验收，绝不允许采购人员或供应商直接将货物交与所需部门

图解： 进货物品如有合同或小样，应根据合同标准和封存小样进行验收

要求二　几个部门同时验收

各项进货均由仓管员、采购员、使用部门授权人按审批手续齐全的申购单进行验收，每次到货需几方同时验收，根据申购单核对货物的品名、规格、价格、质量、数量、金额是否一致，所有进货均应过磅点数

要求三　验收不入库物资

验收不入库物资，根据审批手续齐全的采购单，仓管员与使用部门授权人同时收货，按照采购单上的要求对物品的质量、数量、价格进行严格把关验收，验收合格后，仓管员开具"收货记录"并注明采购单号，由仓管员、供货商、部门授权人同时签字确认

要求四　验收入库物资

验收入库物资，根据审批手续齐全的采购单，仓库保管员收货，按照采购单上的要求对物品的质量、数量、价格进行严格把关验收，验收合格后由保管员开具"收货记录"并注明采购单号，由保管员、供货商同时签字确认

要求五　验收食品原材料

验收食品原材料，按照开好的"收货记录"，收货员与厨师同时收货，对原材料的质量、数量、价格进行严格把关，验收合格后收货员、厨师长、供货商同时签字确认

图解： 为了方便收货，"收货记录"是按"采购单"事先填制好的

要求六　拒收

所有进货若发现与申购单内容不符的，收货员或仓管员有权拒收，并及时上报，对计划外急购物资应补办手续，每日把验收过程中出现的问题留存资料，为下次同类货物和同类供货商的验收提供依据

图1-14　采购物资的验收要求

5. 特殊采购物资

（1）采购技术性强的物资。对一些技术性强或有特殊要求的采购物资，采购员可以邀请有关部门相关人员会同购买或授权有关部门相关人员购买。

（2）采购紧急物品。一般采购物品在7天前、紧急物品在24小时前由各申购部门按照申购程序办理申购。若确实有个别紧急需求，须经有关领导批准后，由所需部门自行购买，在有关授权人的监督下收货，于次日及时补办申购、审批、收货手续。

6. 采购物资的结算

物资验收后，以"收货记录"作为结算依据，结算方式一律采用定期支付的方式，特殊情况可支付现金，如青菜、农副产品供货商可根据情况特殊处理。

要点二：采购流程设计的要求

采购作业流程，会因采购的来源、采购的方式以及采购的对象等，在作业细节上有若干差异，但是基本的流程则大同小异。

有些餐饮企业会制定明确而单独的采购流程说明书，有些餐饮企业则将有关流程，分散于各项采购作业规范当中。一般来讲，餐饮企业规模越大、采购金额越高，对流程设计越要重视而详细。在此将一般采购作业的流程设计应注意的要点列出，具体如图1-15所示。

要点一 注意先后顺序及时效控制

即应注意其流畅性与一致性，并考虑作业流程所需要时限，比如，避免同一主管对同一采购案件，做数次的签核；避免同一采购案件，在不同部门有不同的作业方式；避免一个采购案会签部门太多，影响作业时效

要点二 注意关键点的设置

即为便于控制，使各项在处理中的采购作业，在各阶段均能追踪管制，比如从询价、报价、提货等均有管制要领

要点三 注意划分权责或任务

即各项作业手续及查核责任，应有明确权责规定及查核办法，比如，请购、采购、验收、付款等权责均应予区分

要点四 避免作业过程中发生摩擦、重复与混乱

即注意变化性或弹性范围以及偶发事件的因应法则，比如，"紧急采购"及"外部授权"

要点五 注意程序的繁简度

程序繁简或被重视的程度，应与所处理业务或采购项目的重要性或价值的大小相适应，即凡涉及数量较大、价值较高，或易发生舞弊的作业，应有较严密的处理监督，反之，则可略予放宽，以求提高工作效率

要点六 处理程序应合时宜

即应注意程序的及时改进，早期设计的处理程序或流程，经过若干时日后，应加以检讨，不断改进，以应对组织的变更或作业上的实际需要

图1-15 采购作业流程设计的注意要点

要点三：采购作业的基本流程

餐饮企业的采购作业基本流程主要如下。

1.采购管理流程

采购管理流程如图1-16所示。

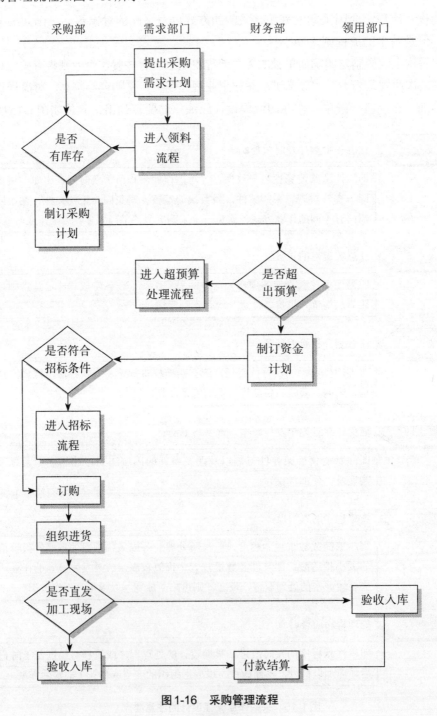

图1-16 采购管理流程

2. 订购流程

订购流程如图1-17所示。

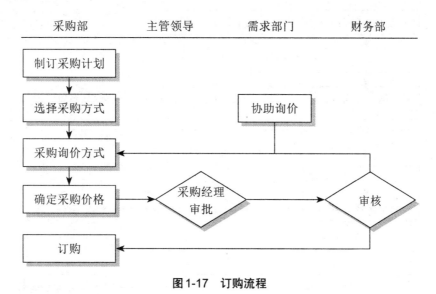

图1-17 订购流程

3. 询价流程

询价流程如图1-18所示。

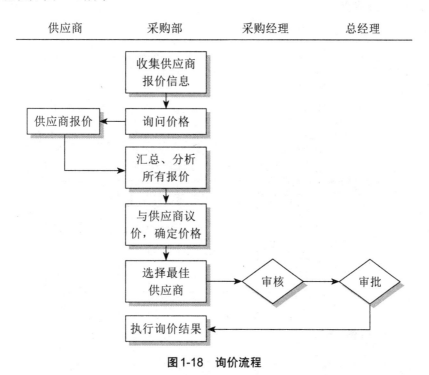

图1-18 询价流程

4. 采购谈判流程

采购谈判流程如图1-19所示。

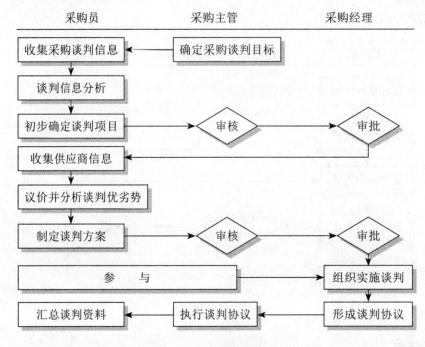

图1-19　采购谈判流程

5. 采购合同管理流程

采购合同管理流程如图1-20所示。

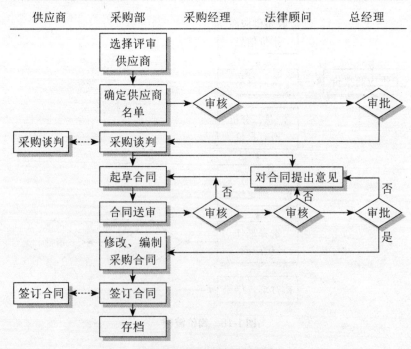

图1-20　采购合同管理流程

6. 入库检验流程

入库检验流程如图1-21所示。

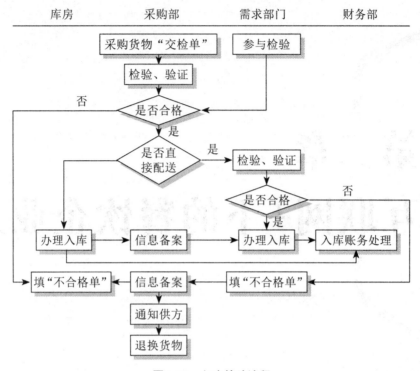

图1-21 入库检验流程

第二章
互联网+下的餐饮企业采购

- 第一节　餐饮采购步入电商时代
- 第二节　餐饮企业B2B采购
- 第三节　餐饮企业O2O采购
- 第四节　餐饮App采购

第一节 餐饮采购步入电商时代

要点一：餐饮业电商采购化的必然性

餐饮企业一改实地采购的原始模式，拿起手机下单，原料采购就全部完成，改变原有的供应链现状和采购习惯，对传统餐饮企业来说，是颠覆性的变革，而带来这场变革的原因有如图2-1所示的3点。

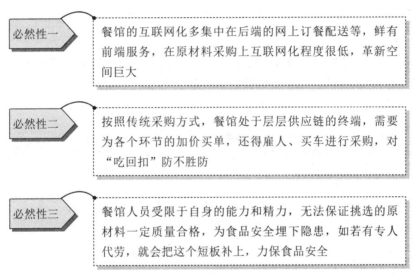

图2-1 餐饮业电商采购化的必然性

要点二：餐饮业电商采购现状

中国餐饮业一年2万多亿元营业额中，约有30%用于采购。对于如此巨大的餐饮采购市场，传统的人情化、小范围采购模式，已经很难满足餐饮企业对质量好、价格廉的基本追求，餐饮采购的电子化时代已经来临。

在日本，餐饮采购98%是通过电子平台实现的；在欧洲，餐饮企业大宗采购100%通过电子平台完成。目前，中国餐饮企业的电子化采购尚不普遍，但这一定是未来发展趋势。

要点三：餐饮业电商化的优势

餐饮业给人的印象是一个较古老的行业，而电子商务则是新兴发展的一项科技含量高的技术，但是如果研究餐饮业的特点，则可以发现，这一传统行业具有适合运用电子商务技术的特点，具体如图2-2所示。

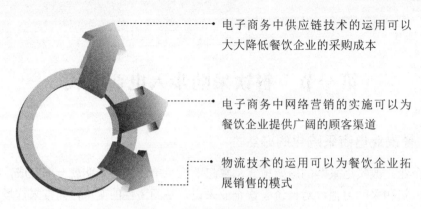

图2-2　餐饮业电商化的优势

要点四：餐饮业电商采购的优势

电商采购既是电子商务的重要形式，也是采购发展的必然趋势。目前，电商采购越来越受到国际和国内的关注，也在我国得到重视和大力推广。相对传统采购来看，电商采购作为一种先进的采购方式，其优势主要体现在如图2-3所示的4个方面。

图2-3　餐饮业电商采购的优势

1.价格透明

通过电子采购交易平台进行竞价采购，可以使竞争更完全、更充分，获得更为合理的低廉价格。据统计，网络采购价格平均降幅为20%左右，可大大节省采购开支。

2.效率高

电商采购不是对人工采购的简单替代，而是重构采购流程，通过信息化再造，摒弃传统采购模式中影响采购效率和效益的不利因素，建立科学的采购流程和商务模式。

3.竞争性强

传统的采购方式很难控制，隐蔽性较强，各个环节在实际操作中也还不很规范。网上采购有利于规范采购行为，增强采购的竞争性。

4.节约成本

网络采购大大降低了采购成本，降低采购成本应考虑参与采购的各种因素，其中包括降低直接成本（如货品的总价等）、降低间接成本（完成采购工作所需要支出的费用，如减少了采购需要的书面文档材料）、缩短采购周期、降低后续成本等。网络采购作为采购方式的创新对于降低采购成本具有决定性意义。

要点五：制约餐饮业电商采购的因素

由于我国餐饮行业的分散性，决定了其具有如图2-4所示的特点，从而影响并制约着电子采购在该行业的发展。

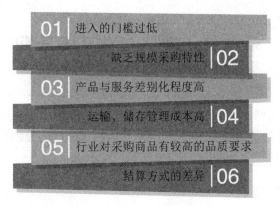

图2-4　餐饮行业的特点

1.进入的门槛过低

我国餐饮行业的资金和技术障碍都比较低，使得较少的投资就可以加入这个行业，这也是中小企业成为主导力量的主要原因。同时由于进入障碍低，流动性大，管理人员良莠不齐，整体综合素质相对不高，多数依靠传统采购及传统经营手段，使得新的管理方式和行业要求难以贯彻执行。

2.缺乏规模采购特性

传统中华饮食中很难将大批原材料一次加工为半成品，并储备起来分散使用。现在只有少数保鲜包装的菌类和腌菜、干菜类原料可以稍大批量采购，肉类、蔬菜等基本都以一两个营业日内的消耗量为基本采购规模，即使除去原材料保鲜的问题，还有店面仓储的费用顾虑。

3.产品与服务差别化程度高

各餐饮店面对的消费者需求千差万别，难以通过实现无差别经营来获利，这使得通过大规模生产减低单位成本的愿望变得渺茫。

4.运输、储存管理成本高

原材料多为生鲜食品，运输过程对环境要求较高，远距离订货导致费用上升，且对品质不易鉴定与控制。成品多为热加工后立即进食为好，所以成品从完成到送达消费者手中的运送时间要求十分短暂，且为保持色香味形的完好程度，对运输设备和承载容器也有较高要求。

5.行业对采购商品有较高的品质要求

电子采购不能直接依靠感官检验商品，加上供应商的职业操守和信誉程度不为采购者认同，就很难顺利交易。食品材料的特点在某种程度上影响和制约着电子采购的发展。

6.结算方式的差异

由于餐饮业大量营业收入表现为现金,原料采购也多为本地市场交易,因此采购的结算也多为现金现货方式进行,部分为月结形式,因此网络结算对于这个目前频繁用现金交易的行业来说,吸引力并不强。

第二节　餐饮企业B2B采购

目前,不仅消费者爱上了电商平台,以企业为代表的采购商也越来越依赖电商平台,而在新近出台的"互联网+"行动意见中,国务院也明确提出要鼓励企业通过电商平台开展采购。专家预言,以采购商为主导的电商时代即将来临,为采购商服务的采购平台将成为B2B行业发展的方向。

要点一：B2B采购的概念

B2B采购是指基于或少部分基于互联网技术的采购方式,它是一种在Internet上创建专业供应商网络的基于Web的采购方式。

B2B采购能够使企业通过信息网络寻找合格的供货商和物品,随时了解市场行情和库存情况,编制销售计划,在线采购所需的物品,并对采购订单和采购的物品进行在途管理、台账管理和库存管理,实现采购的自动统计分析。

要点二：B2B采购的优点

传统的企业采购模式主要是通过电话、传真订单或者与供应商直接面谈来完成的。在传统采购模式中,企业往往需要委派采购团队多次进行实地考察、检验和分析,造成企业采购效率低、采购成本高等多种问题。

而通过B2B平台进行采购,具有如图2-5所示的优点。

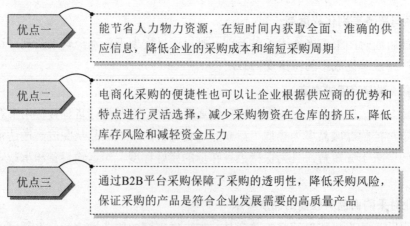

图2-5　B2B采购的优点

要点三：B2B采购的意义

采用B2B采购，企业可以方便地在线查产品信息和库存情况，监控企业的销售、库存、货物和资金周转状况等业务信息，制定科学的采购计划及支持决策，在缩短采购周期、优化采购过程、降低经营成本、提高工作效率和市场竞争力方面具有十分重要的战略意义。具体表现如图2-6所示。

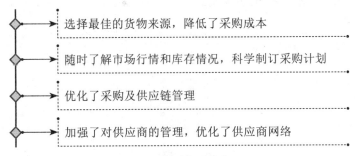

图2-6　B2B采购的意义

要点四：B2B采购的模式

随着"互联网+"的不断推进，鼓励企业使用电商平台开展采购，推动电商由消费品领域向工业品领域拓展，已经上升至国家战略高度，通过B2B平台进行采购已成为企业采购发展的必然要求，我国B2B行业也有望掀起新一轮的发展热潮。

目前B2B采购的模式主要有以下三种。

1. 买方模式

买方模式是指采购方在互联网上发布所需采购的产品信息，由供应商在采购方的网站上登录投标，供采购方进行评估，通过进一步的信息沟通和确认，从而完成采购业务的全过程。买方模式也称为买方一对多模式，其模型如图2-7所示。

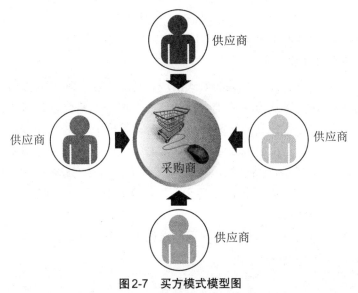

图2-7　买方模式模型图

在买方模式中，网站的开发与维护、产品资料的上传和更新工作由采购方来单方面承担，供应商只需登录该平台投标即可，这样虽然加大了采购方的资金投入，但采购方可以更加及时和紧密地控制整个信息流和采购流程，有选择性地进行采购，补充货源。

2. 卖方模式

卖方模式是指供应商在互联网上发布其产品的在线目录，采购方则通过浏览来取得所需的商品信息，然后做出采购决策。卖方模式也称卖方一对多模式，其模型如图2-8所示的。

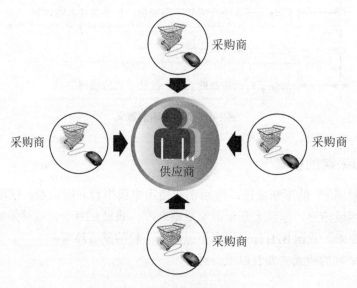

图2-8　卖方模式模型图

在这一模式里，买方登录卖方系统通常是免费的，采购方通过浏览供应商建立的网站能够比较容易的获得自己所需采购的产品信息，但由于产品的多样性以及供应商的众多，采购商必须寻找更多的供应商系统进行比较，以便于选择性价比最高的合作伙伴完成采购，这样一来又无形中加大了资金、人员的投入。

3. 第三方交易平台模式

第三方交易平台，多以门户网站的形式出现，是指供应商和采购方通过第三方设立的专业采购网站进行采购。第三方交易平台是通过一个单一的整合点，多个采购商和供应商能够在网上相遇，并进行各种商业交易的网络平台。其模型如图2-9所示。

在这个模式里，无论是供应商还是采购方都必须注册登录第三方交易平台，并在第三方网站上发布求购或提供的产品信息，第三方交易平台负责对这些上传的信息进行整合，然后在网站上及时发布和更新维护，以便于反馈给用户使用，达到促成交易成功的机会，使供应商和采购商从中获益。

目前比较流行的第三方交易平台如阿里巴巴供求平台、慧聪网站、易趣等都是专门为各供应商和采购商提供的网络采购平台。

图2-9 第三方交易平台模型图

要点五：选对B2B餐饮采购平台

1. 鲜易网

鲜易网生鲜超市是河南鲜易网络科技有限公司打造的生鲜食材电商平台，B2B+O2O的服务模式，致力于为生鲜食品企业、餐饮企业用户提供商机发布、品牌传播、网络营销、担保交易、金融服务、仓储物流等多方位、全流程电商服务。如图2-10所示。

图2-10 鲜易网Logo

（1）网站简介。鲜易网是河南鲜易供应链旗下生鲜食材B2B电子商务交易平台。鲜易网依托鲜易供应链线下服务网络，为客户提供线上担保交易、线下物流服务的一体化解决方案。如图2-11所示。

图2-11 鲜易网首页截图

生鲜超市凭借对电子商务发展的深刻理解与完善，一方面努力帮助生鲜食材企业发挥互联网在企业发展中的应用价值，帮助企业利用电子商务优势实现订单获取、在线销售及采购等活动，提高生产经营和流通效率，同时创新电子商务发展，最大可能保障买卖双方的共同利益，并以线上与线下相结合的形式（B2B+O2O），通过冷链物流、金融服务等手段，开展纵向一体化的链型商业服务，满足买卖双方交易、撮合、支付、物流、融资等一系列需求，形成一个良性的电商发展生态圈，从而保持包括企业与平台在内共赢的可持续发展之路。

（2）经营产品。生鲜易购由鲜易商城自主经营，专业完备的物流服务，贴心送货到家门口，保证商品质量和客户满意；"进货—仓储—销售—配送"配套体系，安心购物。

鲜易网经营的产品包括肉类产品、进口食品、方便食品、生鲜食品等百种品类，是食品网络购物的重要网站，是餐饮企业、中小食品企业的优质供应商。

（3）经营服务。

——商机发布。鲜易网提供完善的信息发布功能，拥有优秀的商城系统，满足不同用户需求，提供个性化、动态化店铺装修功能，可快速发布产品及企业信息。

——市场营销。基于平台的SEO优化以及强大的全网营销系统，覆盖其他各大独立电商平台、行业网站、媒体网站、社区、博客、论坛、微博、微信等主流宣传通道，利用鲜易网线下分销渠道可将产品输送至各大商场、社区、餐饮、团膳企业。

——担保交易。有别于传统信息类B2B电子商务平台，鲜易网为用户提供线上担保支付交易服务，有效保障买卖双方在商贸往来中的利益，使买卖双方省心、放心。

——金融服务。鲜易网与银行开展合作，为鲜易网用户提供征信服务、融资服务通道，帮助企业实现快速融资贷款。

——仓储物流。鲜易温控供应链拥有8个产地、25个销地冷链物流基地，覆盖全国大多数物流节点城市和冷链产品主销城市。在13个城市有25处冷库，净面积达到15万平方米，总容积150万立方米。拥有冷藏运输车辆3000余辆，所有车辆均配备TMS系统、GPS/GIS跟踪系统、温控设施等物流信息系统。

（4）购物流程。

——注册、登录。打开"鲜易网（http://www.xebest.com/）"网站，点击注册，注册页面如图2-12所示，按提示操作，标"*"号的为必填项。

——选择地区。选择用户所在区域，确定地区后进入页面。如图2-13所示。

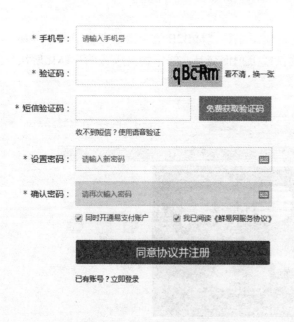

图2-12　鲜易网注册页面

图2-13 鲜易网选择用户所在区域截图

——搜索商品。在商品分类中查找或者直接在"搜索"区域输入商品名称，找到自己想要的商品。如图2-14所示。

图2-14 搜索商品

——加入购物车。把选择好的商品，添加到购物车。如图2-15所示。

图2-15 添加购物车

——提交订单。选择好商品后，点击"提交订单"，提交要购买的商品。如图2-16所示。

图2-16 提交订单

——查看订单状态。订单提交以后，可以在"我的订单"中查看订单的状态。如图2-17所示。

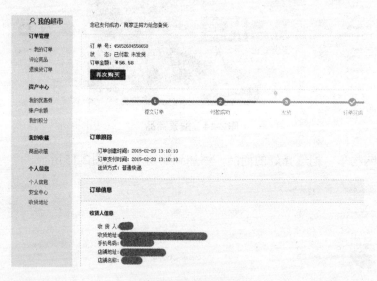

图2-17 查看订单状态

2.众美联商城

由众美联（香港）投资有限公司投资设立，小南国集团等作为主发起方的众美联餐饮酒店B2B云采购平台，于2014年12月正式上线交易。如图2-18所示。

图2-18 众美联商城Logo

（1）网站简介。众美联商城目前拥有黑卡采购用户300余家，覆盖全国50个城市餐饮酒店一线品牌。截至2015年年底，众美联餐饮酒店B2B云采购平台协议订单累计已达120亿。如图2-19所示。

图2-19　众美联商城首页截图

众美联商城包含酒店综合用品、厨房用具、粮油调料、食材、酒水饮料、专业设备、办公用品、家具、信息化系统、基建装潢10大品类。

（2）服务优势。众美联商城的服务优势表现在五个方面，具体如图2-20所示。

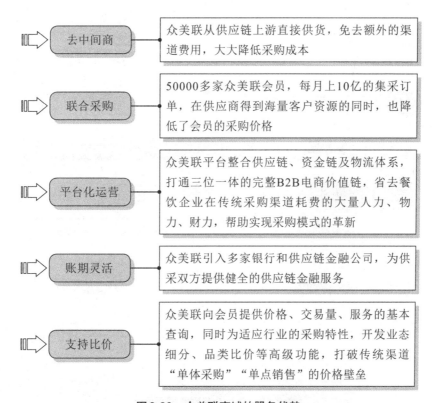

图2-20　众美联商城的服务优势

（3）品质保障。众美联商城严控食品安全，对供应资质进行层层审核。

——供应商五证审查。营业执照、税务登记证、组织机构代码证、生产（或流通）许可证、卫生许可证，众美联都严加把控检查。

——商品审核严格把关。仔细查验有关质量认证食品的相关质量认证证书、进口食品的有效商检证明，及国家规定应当经过检验检疫食品的检验检疫合格证明等。

（4）物流体系。众美联商城具有三大物流体系，具体如图2-21所示。

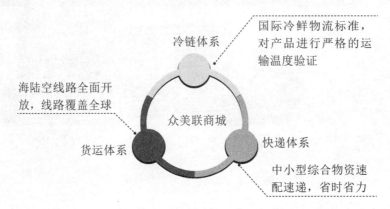

图2-21　众美联商城的物流体系

（5）采购流程。

——登录。点击网站左上角的"登录"，选择采购商登录，分别填入用户名、密码、验证码，并点击"登录"按钮。如图2-22所示。

图2-22　登录众美联商城页面

——查找商品。在"搜索"输入框输入要采购商品的关键词。如图2-23所示。

图2-23 输入搜索关键词

点击"搜索"按钮，会出现搜索结果。如图2-24所示。

图2-24 查看商品

——购买商品。在商品详情页填写需要采购的商品数量，并点击"立即采购"按钮。如图2-25所示。

图2-25 购买商品

设置收货信息。如图2-26所示。

图2-26 设置收货信息

确认商品清单，选择配送方式等信息后，点击"提交订单"按钮。如图2-27所示。

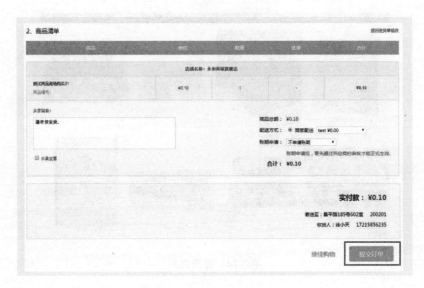

图2-27 确认商品清单

点击图示中的"确定"按钮。如图2-28所示。

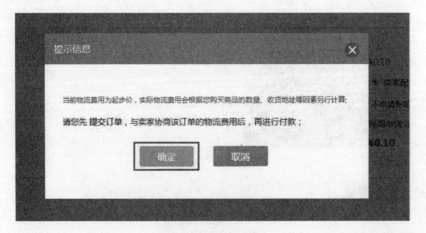

图2-28 提交订单

订单提交成后,选择合适的支付方式。如图2-29所示。

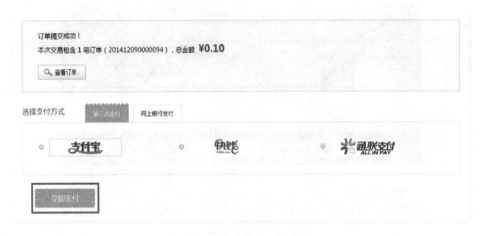

图2-29　选择支付方式

成功支付后,点击"完成支付"按钮。如图2-30所示。

图2-30　完成支付

3.优配良品

(1)网站简介。优配良品成立于2015年3月,是一家致力于为中小微饭店提供一站式的食材供应服务的B2B平台。如图2-31所示。

优配良品90%以上的食材都采取与上游供应商直采的方式,去掉中间冗长的流通环节,同时将食材的质量问题溯源到上游供应商,优配良品的合作供应商在进行食材供应时会给优配良品提供相关检测报告和资质证明,从而最大化保证菜品的品质。如图2-32所示。

图2-31　优配良品Logo

图2-32　优配良品首页截图

（2）服务特色。优配良品的服务特色表现在四个方面，具体如图2-33所示。

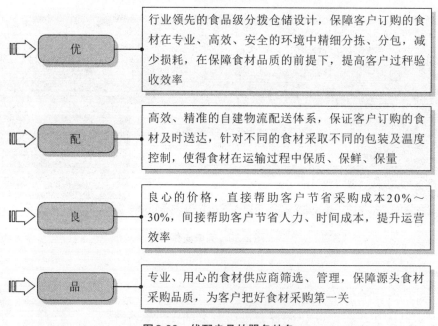

图2-33　优配良品的服务特色

（3）采购流程。

——进入优配良品公众账号，点击"我要订菜"。如图2-34所示。

——选择菜品和菜品数量。根据不同类别选择需要菜品（注意菜品包装规格），加号和减号可以增减数量，如果某一菜品常用，点击菜品详情，然后点击收藏按钮即可将该菜品收藏，可以从"我的收藏"中快速查找。如图2-35所示。

——选好菜品后点击左下角的菜篮子，进入"菜品列表"，核对所选菜品是否正确，包含品类、数量、规格。如图2-36所示。

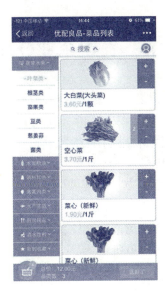

图2-34　优配良品公众号页面　　　图2-35　选择菜品和菜品数量　　　图2-36　查看菜品列表

——核实无误后点击"选好了"进入下一界面，确认收货信息以及送货时间。客户可以将对菜品的需求写到备注里，但是不要在备注里写上需要的菜品。如图2-37所示。

——进入优配良品公众账号，点击"我的订单"进入订单列表页面。如图2-38所示。

图2-37　确认订单　　　　　　图2-38　查看订单列表

第三节 餐饮企业O2O采购

继"千团"大战、外卖血拼之后，餐饮O2O的战火开始燃向了采购供应链。每年超过万亿元体量的餐饮采购大蛋糕，激发了众多创业企业利用"互联网＋"对餐饮行业重新发现和改造的热情，用户群的竞争也从个体消费者转向了想象空间更大的餐饮企业。轻模式、重模式、细分市场、补贴价格战……竞争的胶着程度毫不逊于C端。

要点一：O2O采购重模式

O2O采购重模式的业务链由市场推广、技术研发、仓储、采购部门、物流配送、售后服务这六个模块组成，具体如图2-39所示。

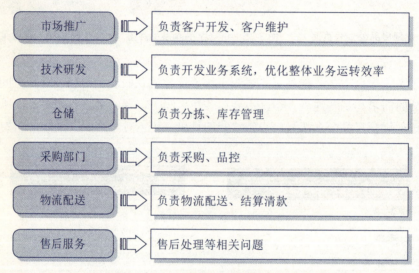

图2-39　O2O采购重模式的业务链

自建物流、自加工的重模式平台，仓储、采购、物流等都属于关键业务模块，拥有控制力强、保障服务质量等优势，但也存在运转成本、管理成本过高等问题，且发展速度相对比较缓慢。

比如，饭店联盟采取以销定采的方式，提供从原产地到消费终端整个供应链的解决方案。又如，链农的操作模式为集中中小餐饮商家的采购需求，在前一天晚上清算商家下单量，第二天统一到二级市场批量采购，然后再以便宜约20%的原材料价格配送给商家。

要点二：O2O采购轻模式

O2O采购轻模式的业务链

O2O采购轻模式由技术研发、市场推广、招商部门三个模块组成，具体如图2-40所示。

图2-40　O2O采购轻模式的业务链

运营成本低、启动快速是轻模式的主要优势。O2O餐饮采购轻模式平台，主要是为供应商和餐饮企业提供一个信息对接平台。

比如，众美联在前期主要是作为一个对接的信息交流平台，在运营初期不会去建仓库和物流系统，物流方面主要还是由供应商自身来提供。

要点三：选对O2O餐饮采购平台

食材供应平台的出现是整个餐饮行业产业链的延伸。传统的食材采购受区域性、季节性、价格等影响，而食材供应平台则促进南北方原料的互通，提供菜品的多样化选择，减少了中间环节，是降低餐饮企业采购成本的一种新方式，此外也为餐饮企业老板和供货商以及餐饮企业之间搭建了一个平台进行信息的互通。

1.美菜网

美菜系北京云杉信息技术有限公司旗下网站，成立于2014年5月，是一家主打农产品和蔬菜水果的电子商务网站，为原窝窝团创始团队二次创业倾力打造的一个农产品移动电商公司。如图2-41所示。

图2-41　美菜网Logo

（1）网站简介。美菜网前期以中小型餐饮商户为切入点，专注面向全国近1000万家中小餐饮商户，为客户提供省时省力、省钱省心的农产品的同时将合作餐厅拓展成为全媒体平台，用自身优势为餐厅经营战略提供顾问服务。如图2-42所示。

图2-42　美菜网首页截图

美菜的具体操作模式为用户在网络下单，平台集中采购物流配送。实际上，美菜牵涉到采购、物流、销售与互联网产品设计，其于2014年8月获得真格基金等千万元天使投资。

（2）服务特色。作为中国领先的农产品移动电商平台，美菜网一直致力于以下3点，具体如图2-43所示。

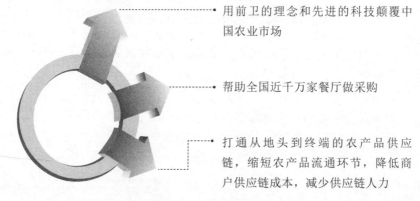

- 用前卫的理念和先进的科技颠覆中国农业市场
- 帮助全国近千万家餐厅做采购
- 打通从地头到终端的农产品供应链，缩短农产品流通环节，降低商户供应链成本，减少供应链人力

图2-43　美菜网服务特色

全流程精细化管控菜品从田间到餐桌的每一处细节，同时可提高农民收入，减少压货风险，降低农民损失，促进资源合理分配。

（3）采购流程。

——关注美菜。打开微信界面，点击右上角"+"选择"新增朋友"，在搜索框里输入"美菜"或者"yuncai-com"添加关注。如图2-44至图2-46所示。

图2-44　新增朋友　　　图2-45　搜索并关注美菜　　　图2-46　美菜聊天界面

——注册与登陆。如果已是美菜用户，请点"登录"，输入绑定的手机号和密码后继续下订单，如图2-47所示；如果不是美菜用户，请点击"注册"，输入注册信息点击"注册"即可，如图2-48所示。

图2-47　登录美菜　　　　　　　图2-48　注册美菜

——订菜。进入美菜公众账号，点击"美菜商城"；选择菜品和菜品数量；然后选择"下一步"，进入"购物车详细"页面；核实无误后点击"下单"进入下一界面，再次核实后点击"确认订单"，下单成功。如需取消订单，请点击"取消订单"。如图2-49至图2-52所示。

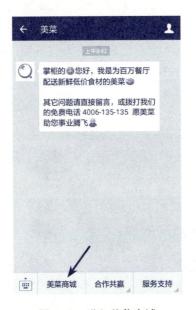

图2-49　进入美菜商城　　　　　图2-50　选择菜品和菜品数量

图2-51 购物车详细   图2-52 订单详细

进入美菜公众账号，点击"我的订单"进入订单列表页面，查询订单。查找所需订单的日期，点击进入可查看购物清单，包括菜品名称、规格、描述、价格、数量、总品类数、总价、收货信息等。

2. 小农女

小农女是一个生鲜电商O2O品牌。餐馆配送模式是小农女2014年启动的全新O2O生鲜电商供应链模式，实现的是城市一级批发商采购到餐馆的模式。如图2-53所示。

（1）网站简介。有数据显示，我国每年生鲜市场有数万亿的销售规模，面对如此巨大的市场前景，生鲜电商成为电商企业纷纷抢食的要地。"吃货"是个巨大的市场，生鲜电商具有较为可观的潜力。小农女是生鲜电商，尤其是移动生鲜电商的先驱者。如图2-54所示。

图2-53 小农女Logo

图2-54 小农女首页截图

（2）品牌定位。小农女O2O生鲜电商，针对具有做饭需求的年轻白领、小区居民和餐馆，小农女为目标人群提供蔬菜原材料。

（3）品牌服务。小农女生鲜站模式会通过自营和加盟两种方式进行扩张，小农女的愿景是为成为小区居民、城市白领订购生鲜食品的社区平台。服务种类如下：

——蔬菜类：各地蔬菜，当晚到深圳，次日送出，品种丰富。

——鲜肉类：正规屠宰，证件齐全，放心采购。

——冻品：自建冻品库，品种丰富，多个品牌可选。

——粮油干货：日常粮油、各种菜式所需调料。

——水果：进口、国产应有尽有，批发价格少量配送。

——河鲜海鲜：新鲜宰杀加冰配送；活鲜加水配送。

（4）微信下单流程。小农女的微信下单流程与美菜网下单流程相同，具体如图2-55至图2-63所示。

图2-55　新增朋友

图2-56　查找并关注小农女

图2-57　公众号聊天界面

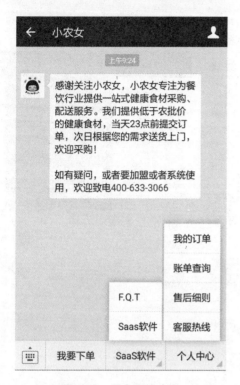

图 2-58　公众号的功能

图 2-59　登录小农女

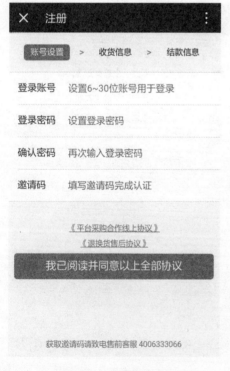

图 2-60　注册小农女

图 2-61　选择菜品

图2-62　核对订单　　　　　　　图2-63　提交订单成功

3. 通赢天下网

通赢天下网是中国酒店与餐饮行业的O2O餐饮酒店采购电子商务服务平台，是酒店餐饮采购、供应商销售、寻求招商合作最佳的酒店行业服务性电子商务网站。如图2-64所示。

图2-64　通赢天下Logo

（1）网站简介。通赢天下创建于2011年9月，是一家主要从事酒店点餐系统软件开发、餐饮二维码支付、餐饮酒店行业管理咨询、培训、招商加盟、策划设计的高新技术企业。如图2-65所示。

图2-65　通赢天下首页截图

2014年9月开始打造集餐饮原材料销售、采购于一体的O2O电子商务平台公司。公司拥有一流的IT研发精英、项目包装人才、创意设计骨干和一流的科技服务平台。

（2）平台功能。通赢天下网致力于为餐饮酒店采购行业提供多种酒店采购电子商务全方位服务，主要是为餐饮酒店供应商和餐饮酒店采购搭建的电子商务平台，向餐饮酒店用品厂家、商家和酒店采购客户提供从生产、批发到销售及酒店行业咨询培训以及相关的网络服务，引导整个行业尽快地进入高效、有序的电子商务经营模式，统一行业运作，与国际接轨。网站是面向整个行业提供酒店用品销售、采购的交易平台和综合信息平台，并为销售、采购、企业人士提供在线的经验交流和社区服务。

（3）服务项目。通赢天下网全面关注餐饮酒店采购、生产制造和渠道市场，具有商务、搜索、资讯、管理、专题、人才、培训、行业杂志等多种功能，为酒店、宾馆、酒楼、会所和供应商之间构建供求信息平台，是中国餐饮与酒店行业首家实现"阳光采购"的全过程电子商务网站。

（4）网站特色。通赢天下平台特色如图2-66所示。

特色一 专业的供应、采购订单交易平台

不论是供应商销售还是餐饮酒店采购，都可以在通赢天下网上发布产品信息、采购信息，因为这里就是一个专业供应商销售和餐饮酒店采购平台

特色二 公正的真实信用评价体系

通赢天下网上每次成功交易后，交易双方会根据交易的实际情况给对方真实客观的评价，让真正的信用一目了然，做生意更有把握

特色三 智能精确匹配的搜索技术

搜索条件广泛，系统会根据企业多方位定位的搜索条件，快速精确查找到合适的订单、合适的供应商

特色四 优质的供应商资源

专业详尽的供应商信息（包括企业介绍、企业实力展示、样品展示、评价信息等），发单企业无需实地考察供应商，就可准确地了解供应商实力，快速找到合适的供应商

特色五 高质量的采购订单信息

采购订单信息的格式规范统一、质量高，便于餐饮酒店阅读和搜索，让其轻松接到合适满意的订单

特色六 规范的订单交易流程

系统实时记录从报价协商开始，到达成协议、提醒下单、下单、确认接单、出货、收货、付款、确认收款、评价等各个流程的内容，避免产生纠纷

图2-66　通赢天下平台特色

第四节 餐饮App采购

App是Application的缩写,俗称客户端,一开始只是作为一种第三方应用的合作形式参与到互联网商业活动中去的,之后随着互联网越来越开放化,以及智能手机的流行,App成了很流行的第三方应用程序。

内容一:采购App认知

采购App是一个手机平台,通过App平台可以让餐饮企业将需要采购的各种食材在平台上下单预订,平台接到订单后负责统一配送上门。这种方式可以在为餐饮企业提供质优价廉的食材的同时,为其节省很高的时间和采购成本。采购App的出现,为餐饮企业采购食材开创了新模式。

内容二:采购App的功能

目前餐饮业大都采取传统的市场选货的采购方式,在采购、运输、结算等相关环节上普遍存在着如图2-67所示的弊端。

图2-67 传统采购方式的弊端

图2-67所示的这些问题都直接影响着餐饮企业的经营管理,而采购App平台的出现将减少中间环节,让交易变得透明、高效、数据化。

采购App的应用,帮助中小餐馆将食材的采购渠道进行了最大化的压缩与精简,客户只需登陆平台订购,所需食材就能配送上门,免去了量小类多又需多处购买食材的麻烦,从而替中小餐馆节约了时间和交通成本。

内容三:主要的采购App平台

适合目前大多数餐饮企业采购用的App主要有如下6种。

1. 链农App

链农App是餐饮商家全品类原材料的供应商,也是餐饮商家的集中采购平台,其致力于运用互联网的优势,使得新鲜的蔬菜更高效、更优质、更低价从田间送到餐厅。如图2-68所示。

（1）链农依托其研发的App平台，使中小餐馆老板或采购员可通过App在每天晚上9:00到12:00下单，"链农"在12:30前汇总需求，再进行集中采购和配送。

（2）收到订单的供应商根据"链农"平台需求再将货物送到"链农"仓库，"链农"人员则在12:30到凌晨4:00完成采购及分拣，凌晨4:00后再由货运车辆分送到各个中小餐厅。

图2-68 链农App界面

自2014年6月成立以来，"链农"人员扩张很快，已达200多人，其中，有60%是采购、分拣、配送的人。在"链农"平台需求中，蔬菜品类占30%，其次是冷冻货物，再次是调料。

链农能赢得中小餐馆青睐，原因是中小餐厅有以下两个痛点。

（1）中小餐厅采购量小，无价格优势。

（2）中小餐厅采购会耗费人力，产生车辆使用费用，而"链农"可免费送货上门，多次补货。

餐饮行业还有个"猫腻"——回扣，这也是餐饮老板深恶痛绝的地方，通过类似"链农"这样的平台采购，由于价格透明，可避免餐饮老板最反感的回扣事件产生，能赢得老板欢迎。

2. 天平派App

天平派App，是一款餐厅食材配送的App。用户在线下单后，配送人员会在次日根据餐厅的规定时间送货上门。只要在线下单，系统会及时处理订单信息，第一时间送货上门，彻底解决了餐饮行业缺菜、少菜的问题。如图2-69所示。

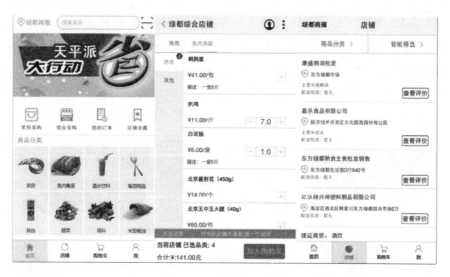

图2-69 天平派App界面

天平派App具有如下特色。

（1）为用户提供了海量优质的新鲜蔬菜资源。

（2）天平派商城涵盖所有品类，如蔬菜、肉类、冻货类、熟食、调料、米面粮油、餐厨用品、一次性用品、酒水、水果等，新鲜优质、货真价实、货比三家，对所售商品提供专业的质量监管，制定食材购销服务标准。

（3）餐饮企业可通过App移动端下单，建议在当天24:00之前完成订单，第二天上午根据餐厅的规定时间配送上门。

3. 美菜商城App

美菜商城App是一款餐饮食材配送类手机软件，主要为广大餐饮商家提供新鲜蔬菜、肉类、鱼类等生鲜食材，还有粮油、调料等，选购方便，送货速度快，食材新鲜，足不出户就能购得好食材。如图2-70所示。

图2-70 美菜商城App界面

美菜商城App专注于打通从地头到终端的农产品供应链,全流程精细化管控菜品从田间到餐桌的每一处细节,使之做到有源头可追溯。

4. 餐饮采购App

餐饮采购App是一款详细介绍餐饮采购情况的平台,本地资讯、身边人、身边事,第一时间掌握,阅读简便、信息丰富、使用方便。如图2-71所示。

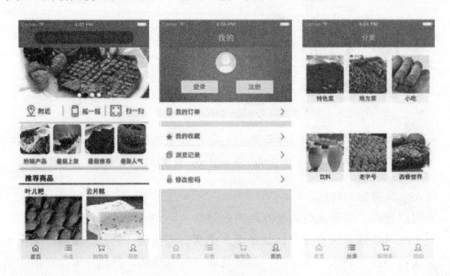

图2-71　餐饮采购App界面

5. 优厨网App

优厨网App是一款电商厨具服务平台,涵盖厨房一切商品需求,手机用户一键搜索自己的商品信息,畅享优惠便捷的生活,买卖实名认证,先行赔付,安全交易有保障。

优厨网立足餐厨供应链,对接源头供应商,服务全国千万餐饮商家,为餐馆、酒店、食堂的后厨采购提供轻松便捷、安全实惠的采购渠道。如图2-72所示。

图2-72　优厨网App界面

6. 餐馆无忧App

餐馆无忧App是一款专为餐厅打造的食材服务软件，为餐厅提供方便、快捷、安全的食材配送，满足各种食材要求，如图2-73所示，具有如下应用特色。

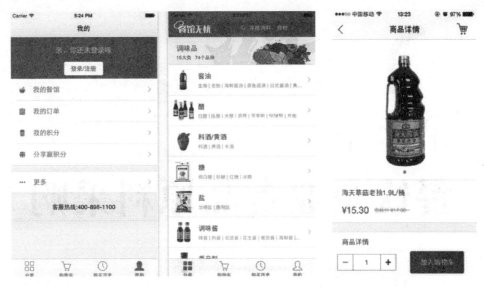

图2-73　餐馆无忧App界面

（1）餐馆无忧是国内最大调味品B2B配送平台，拥有多达5000个品种的调味品。

（2）餐馆无忧平台大幅减少了商品从厂家到餐馆的流通过程，不仅避免了假货的流入，更让餐馆能以低于市场价20%的折扣获取正品食材。

（3）餐馆可以通过手机App和"餐馆无忧"微信注册下单，注册完成，平台立刻配备专属客服，解决一切关于食材采购的问题。

（4）当天下单，第二天准时送达，下单满1元免运费的强大供应链体系，让餐馆的采购不再是难题。

第三章
餐饮企业食品原料采购

- 第一节 食品原料采购管理要点
- 第二节 蔬菜类采购标准
- 第三节 肉类采购标准
- 第四节 海鲜类采购标准
- 第五节 其他食材采购标准

第一节　食品原料采购管理要点

要点一：食品原料采购程序

餐饮企业在实施采购时应首先制定一个有效的工作程序，使采购员和管理人员都清楚应该怎样做、怎样沟通，形成一个正常的工作流程，也便于管理者履行职能，知道怎样去控制和管理。

1. 单店经营餐饮企业

餐饮企业可以根据自身的管理模式制定符合本公司实际情况的采购程序，不管程序形式如何，其设计目的和原理是相同的。如图3-1所示为通用的单店经营餐饮企业原料采购程序。

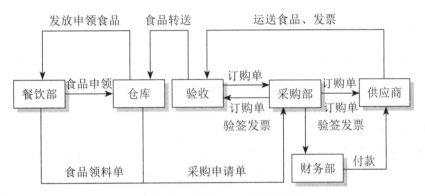

图3-1　单店经营餐饮企业原料采购程序

2. 加盟经营餐饮企业

大型连锁餐饮企业的采购业务流程与单店经营餐饮企业有着一定区别，具体如图3-2所示。

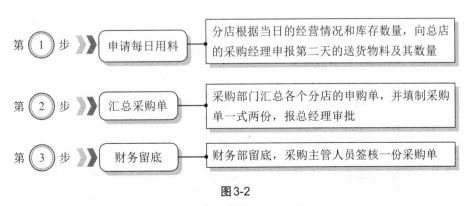

图3-2

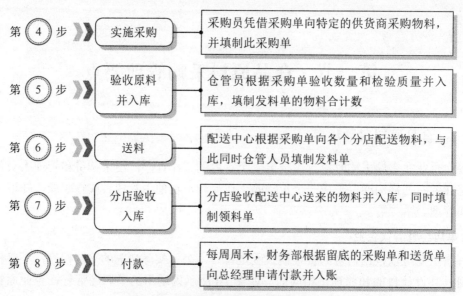

图3-2 加盟经营餐饮企业原料采购程序

要点二：原料采购质量控制

食品原料质量是餐饮产品质量的保证，因此，餐饮企业要对原料质量进行控制，制定食品原料质量标准。食品原料质量标准通常是以采购规格书的形式列出所需采购的食品原料目录，明确对各种食品原料的质量要求。

1. 采购规格书

（1）采购规格书的内容。采购规格书是以书面的形式提出餐饮企业对要采购的食品原料在质量、规格等方面的要求。采购规格书应包含如图3-3所示内容。

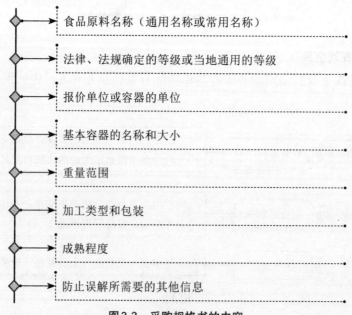

图3-3 采购规格书的内容

（2）采购规格书的作用。采购规格书具有7个作用，具体如图3-4所示。

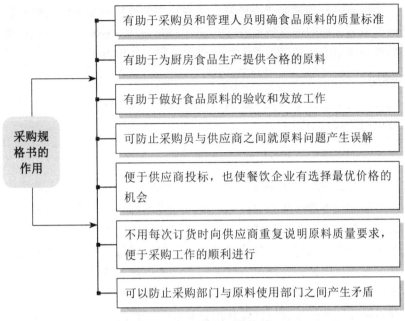

图3-4　采购规格书的作用

2.编写质量标准需考虑的因素

编写质量标准需考虑四个因素，具体如图3-5所示。

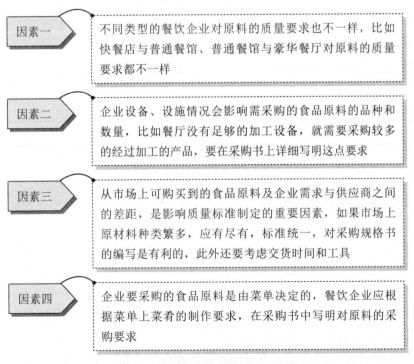

图3-5　编写质量标准需考虑的因素

要点三：鲜活类原料采购数量控制

采购鲜活类原料时必须遵循"先消耗，再进货"的原则。要确定某种鲜活类原料的采购量时，必须先掌握该原料的现有库存量，再根据营业状况预测下一营业周期所需的原料数量，然后计算出应采购的数量。在实际操作中，可以选用以下两种方法。

1. 日常采购法

日常采购法多用于消耗量变化大、有效保存期较短而必须经常采购的鲜活类原料。每次应采购的数量用公式表示如下：

$$应采购数量 = 需使用量 - 现有存量$$

（1）需使用量是指在进货间隔期内对某种原料的需要量，由厨房或餐饮部决定。在确定该数字时，需要综合考虑特殊餐饮活动、节假日客源变化、天气情况等因素。

（2）现有存量是指某种原料的库存数量，可以通过实地盘存加以确定。

（3）应采购数量是需使用量与现有存量之差。因为鲜活类原料采购次数频繁，几乎每天进行，而且往往在当地采购，所以一般不必考虑保险储备量。

日常采购原料时经常用到"采购订货单"。原料名称可以事先打印好，以免每次重复填写，其余几栏则要每次订货时根据需使用量和现有存量的实际情况填写。具体见表3-1。

表3-1 采购订货单

_____年___月___日

原料名称	需使用量	现有存量	应采购数量	市场参考价		
				甲	乙	丙
花菜						
芹菜						
西红柿						
土豆						
……						

2. 长期订货法

一些鲜活类食品原料的消耗量变化不大，其单位价值也不高，餐饮企业可以采用长期订货法采购。具体操作方法有以下两种。

（1）餐饮企业与供应商签订合约，由供应商以固定价格每天或每隔数天供应规定数量的某种或某几种原料，直到餐饮企业或供应商感到有必要改变已有供应合约时双方再重新协商。

（2）餐饮企业要求供应商每天或每隔数天把餐饮企业的某种或某几种原料补充到一定数量。餐饮企业逐一确定有关原料的最高储备量，再盘点进货日现存量，以最高储备量减去现存量得出当日所需采购数量。采用此方法时会用到"采购定量卡"，具体见表3-2。

表3-2　采购定量卡

原料名称	最高储存量	现存量	需购量
鸡蛋	5箱	3箱	2箱
鲜奶	80kg	20kg	60kg
……			

要点四：干货及可冷冻储存原料采购数量控制

干货属于不易变质的食品原料，包括粮食、香料、调味品和罐头食品等。可冷冻储存的原料包括各种肉类、水产品原料等。许多餐饮企业为减少采购成本，享受供应商的量大折扣优惠，往往以较大批量进货，但是这样可能造成原料积压和资金占用过多，因此必须对采购数量严加控制。

1. 定期订货法

定期订货法是干货原料采购中最常用的一种方法。因为餐饮原料品种多、使用频繁，为减少进货次数，使采购员有更多的时间去采购鲜活类原料，餐饮企业可以把同类原料或向同一供应商采购的原料定在同一天采购，不同类原料或向不同供应商采购的原料尽量安排在不同日期采购，以便使验收员和仓管员的工作得到平均分配。

××餐厅每月要订购罐装梨一次，消耗量为平均每天10罐，订购期为4天，即送货日在订货日后第4天。仓管员通过盘点，发现库存还有50罐。

根据以上信息，餐饮企业就可以决定采购数量。考虑到交通运输、天气或供应情况等方面的意外因素，很多餐厅都在期末需存量中加上一个保险储备量，以防不测。

这个保险储备量一般为理论期末需存量的50%，这样期末需存量实际上为：

$$期末需存量=（日平均消耗量\times 订货在途天数）\times 150\%$$

如果仍以上例计算，订货数量则为：

$$订货数量=(30\times 10)–50+(10\times 4)\times 150\%=310（罐）$$

定期订货法是一种订货周期固定不变，但每次订货数量任意变化的采购方法。每到某种原料的订货日，仓管员应对该原料的库存进行盘点，然后确定本次订货数量，其计算方法如下：

$$需订货数量=下期需用量–实际库存量+期末需存量$$

其中的下期需用量为订货周期内餐饮企业的预测耗用原料量，其计算公式如下：

$$下期需用量=日平均消耗量\times 订货周期天数$$

日需要量指该原料平均每日消耗量，一般根据以往经验数据得出；实际库存量为订货日仓库实物盘存得到的数字。

现有库存量是指订货前的库存原料盘存量；期末需存量是指每一订货期末餐饮企业必须预留的足以维持到下一次进货日的原料储备量。其计算公式如下：

$$期末需存量 = 日平均消耗量 \times 订货在途天数 \times 1.5$$

订货在途天数是指发出订货通知至原料入库所需的天数。

> **小提示**
>
> 1.5是保险系数,以便在天气、运输等原因造成供货延误或是订货在途期间可能突然发生的原料消耗量增加等情况下保证原料的正常供应。

2. 永续盘存卡订货法

永续盘存卡订货法也称订货点采购法或定量订货法,是指通过查阅永续盘存卡上原料的结存量,对达到或接近订货点储量的原料进行采购的方法,一般为大型餐饮企业所采用。使用永续盘存卡订货法的前提是为每种原料都建立一份永续盘存卡,还必须确定每种原料的最高储备量和订货点量。

(1)最高储备量。最高储备量是指某种原料在最近一次进货后可以达到但一般不应超过的储备量,根据原料日均消耗量以及计划采购间隔天数,再考虑仓库面积、库存金额、供应商最低送货订量规定等因素来确定。

(2)订货点量。订货点量是指某种原料的最低储存量(定期订货法中的期末需存量)。当原料从库房中陆续发出,使库存减少到订货点量时,该原料就必须进行采购补充。这时,订货数量的计算公式如下:

$$订货数量 = 最高储备量 - 日均消耗量 \times 订货期天数$$

下面,提供一份永续盘存卡的示例供读者参考,具体见表3-3。

表3-3 食品原料永续盘存卡

编号:

品名: 最高储存量:
规格: 单价: 订货点量:

日期	订单号	进货量	发货量	结存量

第二节 蔬菜类采购标准

标准一：叶类蔬菜采购标准

1. 常见品种

常见的叶类蔬菜主要有大白菜、小白菜、甘蓝、菠菜、菜心、生菜、苋菜、空心菜、芥蓝、油菜、芹菜、葱、韭菜、茴香、茼蒿、木耳菜、芫荽、花菜等。如图3-6所示。

图3-6 常见蔬菜

2. 基本要求

叶类蔬菜要色泽鲜亮，切口不变色；叶片挺而不枯黄，无腐叶；质地脆嫩、坚挺；球形叶菜结实、无老帮。

3. 采购标准

叶类蔬菜的采购标准见表3-4。

表3-4 叶类蔬菜采购标准

品名	优质形态	劣质形态
小白菜	梗白色、较嫩较短，叶子淡绿色，整棵菜水分充足，无根	有黄叶、虫蛀洞或小虫，腐烂、压伤，散水太多
大白菜	坚实、无虫、无病，不冻、无损伤，不崩裂、不浸水，不带老帮散叶，根长不超过5厘米	有老帮散叶、虫蛀洞或小虫，压伤，散水太多，根太长
青菜	梗白色或浅绿色、较嫩，叶子深绿色，整棵菜水分充足，无根	有黄叶、虫蛀洞或小虫，腐烂、压伤，散水太多

续表

品名	优质形态	劣质形态
菜秧	梗较细较嫩，叶子细长、淡绿色，棵小似鸡毛，水分充足	有黄叶、小虫，腐烂、压伤，散水太多
菠菜	鲜嫩、叶肥，无虫、无病、无黄叶、无泥土、不浸水，根长不超过半寸	有黄叶、虫蛀洞或小虫，腐烂、压伤，散水多，根太长
油菜	梗短粗，呈淡绿色或白色，叶子厚、肥大，主茎无花蕾，水分充足	有黄叶、虫蛀洞或小虫、花蕾、腐烂、压伤，散水太多
韭菜	叶较宽、挺直、翠绿色，根部洁白，软嫩且有韭香味，根株均匀，长约20厘米	有泥土、黄叶或叶上有斑、枯萎、干尖，腐烂
韭黄	叶肥挺直、稍弯曲、色泽淡黄，香味浓郁，长约20厘米	有泥土、叶黄色、干软、有断裂、腐烂
香芹	叶翠绿、无主茎、分支少，根细、茎挺直、脆，芹香味浓，水分充足，长约30厘米	有泥土、黄叶、烂叶、干叶，根粗、分支多，茎老帮、弯曲、空心，有锈斑、黄斑、断裂、腐烂
水芹	叶嫩绿或黄绿，茎、根部呈白色，茎细软、中间空、水分充足，有清香味，长约30厘米	有泥土、烂叶、黄叶，根茎变黄，有锈斑、黄斑、断裂、腐烂、杂草
西芹	叶茎宽厚，颜色深绿，新鲜肥嫩，爽口无渣	有黄叶、梗伤、水锈，腐烂、断裂、枯萎
牛皮菜	颜色鲜艳淡绿，叶子水分充足、脆嫩、可竖起，棵株挺直	叶子发黄，有褐色边或褐斑，干软，有烂根、脱叶
空心菜	叶薄小翠绿、有光泽，棵株挺立，梗细嫩脆、淡绿色、易折断，棵株约15厘米	叶子大，有黄叶、烂叶、叶斑、花蕾、虫洞、腐烂，棵株软，梗粗老，节上有白色的支头
西洋菜	颜色淡绿或深绿，茎细嫩脆、易折断，水分充足，棵株挺直	茎粗老、白色支头多，有黄叶、烂叶、杂草，棵株软且大
油麦菜	叶淡绿、肥厚、嫩脆，无主茎，叶株挺直、水分充足，根部的切面嫩绿色，稍有苦涩味	黄叶、烂叶，有叶斑，有主茎，干软
芥菜	叶大而薄、深绿色，柄嫩绿脆，无主茎，叶株挺直，水分充足	黄叶、黄叶边，有虫，干软
苋菜	主要有红、绿两种苋菜，叶为绿色或红色，有光泽，茎细短、光滑嫩脆，棵株挺直，水分充足	有黄叶，叶背有白点，有虫，枯萎，有籽，茎粗老
潺菜	颜色碧绿，叶厚实、有光泽，梗细短、光滑嫩绿，掐之易断	有叶斑或叶子过大，枯萎，有杂质，梗粗老
菜心	颜色碧绿，梗脆嫩，掐之易断，棵株挺直，水分充足	有叶斑、虫洞，枯萎，梗粗老

续表

品名	优质形态	劣质形态
芥蓝	颜色墨绿、叶短少、有白霜、挺直、梗皮有光泽、绿色、粗长、断面绿白色、湿润	叶枯萎，有花蕾、压伤，断面黄色、锈色、腐烂或干涩
小葱	叶翠绿、饱满、均匀细长，鳞茎洁白、挺直，香味浓郁，长15～30厘米	有黄叶、烂叶、干尖、叶斑，有毛根、泥土，枯萎，茎弯曲或浸水过多
花菜	花蕾颜色洁白或乳白，细密紧实不散，球形完整，表面湿润，花梗乳白或淡绿，紧凑，外叶绿色且少，主茎短，断面洁白	花蕾发黄，有黑斑及污点，粗而松，表面发干，有压伤、刀伤、虫害，主茎长
胡葱	叶翠绿、饱满、均匀细长，鳞茎洁白、挺直，香味浓郁，长15～30厘米	有黄叶、烂叶、干尖、叶斑，有毛根、泥土，枯萎，茎弯曲或浸水过多
西兰花	花蕾颜色深绿，细密紧实不散，球形完整，表面有白霜，花梗深绿、紧凑，外叶绿色且少，主茎短	花蕾有烂斑、污点，粗而松，表面发干，有压伤、刀伤、虫害，主茎长
青蒜	叶青翠、薄嫩、挺直，蒜茎洁白、水分充足，外表无水	有黄叶、干尖、烂梢，有根、泥土
香菜	翠嫩、挺直，根部无泥，香气重，水分充足	有黄叶、腐烂、泥土，发蔫

标准二：根茎类蔬菜采购标准

1.常见品种

常见的根茎类蔬菜主要有萝卜、马铃薯、红薯、芋头、莲藕、淮山、牛蒡等。如图3-7、图3-8所示。

图3-7 莲藕

图3-8 马铃薯

2.基本要求

根茎类蔬菜要茎部不老化，个体均匀，未发芽、变色。

3. 采购标准

根茎类蔬菜的采购标准见表3-5。

表3-5 根茎类蔬菜采购标准

品名	优质形态	劣质形态
土豆	颜色为淡黄色或奶白色、个大形正、大小整齐、表皮光滑、体硬、饱满	发芽、青斑、萎蔫、腐烂、坑眼多、有毛根、泥土、糙皮
洋葱	鳞片颜色粉白或紫白、鳞片肥厚、完整无损、抱合紧密、球茎干度适中、有一定的硬度	腐烂、干枯、过软、裂开、发芽、发乌、有泥土
红薯	颜色为粉红色或淡黄色、个大形正、表皮无伤、体硬、饱满	腐烂、破皮、坑眼多、畸形、泥土多、发软等
生姜	颜色淡黄、表皮完整、姜体硬脆、肥大、有辛香味	烂斑、干硬、碰伤、毛根、泥土
蒜头	颜色为白色或紫色、蒜皮干燥、蒜瓣结实不散、有硬度	发芽、散瓣、烂瓣、瘪瓣、有虫孔、须根
莴笋	叶茎鲜嫩、皮薄、剥叶后笋白占笋身四分之三以上、直径在5厘米以上、无烂伤、去老根为佳	叶茎萎蔫、皮厚、干硬、有烂伤
胡萝卜	颜色为红色或橘黄色、表面光滑、条直匀称、粗壮、硬实不软、肉质甜脆、中心柱细小	表皮皱缩、有刀伤、开裂、褐斑、肉质薄、发糠、有泥土
青萝卜	颜色青绿、皮薄且较细、肉质紧密、形体完整、水分大、分量重	糠心、裂开、刀伤、泥土多、局部腐烂
白萝卜	洁白光亮、表面光滑、细腻、形体完整、分量重、底部切面洁白、水分大、肉嫩脆、味甜适中	糠心、花心、灰心、断裂、压伤、虫洞、毛根、糙皮、泥土多、表面有黄斑或褐斑
芋头	红褐色、表皮粗糙、个体适中、断面肉质洁白、肉中有紫色的点、肉质硬脆、不硬心	有刀伤、根须、疤痕、泥土多、个体过小、水分蒸发、肉硬但不脆
莲藕	表皮颜色白中微黄、藕节肥大、无叉、水分充足、肉洁白、脆嫩、藕节一般为3～4节	有外伤、断裂、褐色斑、干萎、颜色发黄
茭白	叶颜色青绿、完整、茎粗壮、肉肥厚、颜色洁白或淡黄色、折之易断	茎肉颜色青绿、有斑、较细且空、有刀伤或虫洞
冬笋	笋壳淡黄色、有光泽、完整清洁、壳肉紧贴、饱满、肉质洁白较嫩、根小	冰冻、霉烂、风干、有刀伤、壳皮卷曲、离肉、有黑斑、根大、肉老
竹笋	笋壳颜色淡黄色、有光泽、笋体粗壮、充实、饱满、笋肉洁白脆嫩、水分多	断裂、黑斑、烂斑、笋壳干曲、壳肉有空隙、笋根变黑、肉变色
茨菰	外包膜颜色淡黄、顶端尖芽淡黄色、形大饱满洁净、肉乳白细腻	有刀伤、虫洞、裂开、腐烂、冰冻、个小、多泥、顶端尖芽萎蔫

标准三：瓜果类蔬菜采购标准

1.常见品种

常见的瓜果类蔬菜主要有黄瓜、南瓜、西葫芦、冬瓜、苦瓜、丝瓜、茄子、辣椒、西红柿、百合等。如图3-9、图3-10所示。

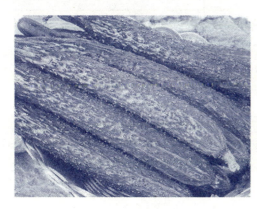

图3-9　黄瓜　　　　　　　　　　图3-10　西红柿

2.基本要求

瓜果类蔬菜允许果形有轻微缺点，但不得变形、过熟；表皮不能有严重碰伤、腐坏、变色、虫洞；还应注意防止因相互挤压而使表皮破洞。

3.采购标准

瓜果类蔬菜采购标准见表3-6。

表3-6　瓜果类蔬菜采购标准

品名	优质形态	劣质形态
黄瓜	颜色青绿，瓜身细短、条直均匀，瓜把小，顶花带刺，肉脆甜、瓤小子少	颜色黄，皮皱，有大肚或瘦尖、弯曲，有压伤、腐烂、断裂，肉白或有空心
冬瓜	皮青翠、有白霜、肉洁白、厚嫩、紧密，膛小，有一定硬度	压伤、烂斑、较软，肉有空隙、水分少、发糠
丝瓜	分为有棱和无棱两种，表皮颜色翠绿、薄嫩，条直均匀、细长挺直，易断无弹性，肉洁白软嫩、子小	颜色泛黄，皮粗糙，弯曲、不均匀，有伤疤、烂斑、黄斑，较软有弹性，肉松软或空
苦瓜	表皮淡绿色、有光泽，凸处明显，条直均匀，有一定硬度，瓤黄白、子小、味苦	有腐烂、压伤、刀伤、磨损、虫洞、斑点，颜色发黄甚至发红，瓜身软
毛瓜	颜色翠绿、有光泽，有细绒毛，皮薄嫩，肉洁白、子小、形正，有一定硬度	有压伤、烂斑、凹瘪、黄斑，瓜身软，绒毛倒伏
南瓜	颜色为金黄色或橙红色，瓜形周正，肉金黄、紧密、粉甜，表面硬实	有斑疤、破裂、虫洞、烂斑，瓜身畸形

续表

品名	优质形态	劣质形态
瓠瓜	颜色为淡绿色、有光泽，表面光滑平整、有白色绒毛，有一定硬度，无弹性，皮薄，肉洁白、鲜嫩，瓜形周正	断裂、划伤、软烂、干皱、畸形，颜色发黄
佛手瓜	颜色为浅绿色，佛手形状，有一定硬度，皮脆硬，肉晶莹透明，瓜形正	表皮擦伤、烂斑、干皱
角瓜	颜色为黄绿色，表皮光滑、有花纹和棱边，皮薄肉嫩，瓤小子少，有一定的硬度，尾蒂有毛刺	表皮粗糙，有烂斑、划伤
茄子	紫色，表皮光滑，手感结实有弹性	表皮损伤、起皱、有虫洞、腐坏点
辣椒	表皮鲜嫩有光泽，带蒂	表皮损伤、发黄，蒂枯，有腐坏
西红柿	表皮光滑，可带蒂、叶	表皮损伤、有洞，失水、软烂，有虫洞、腐坏点
百合	柔软、颜色洁白、有光泽，无明显斑痕，鳞片肥厚饱满，闻起来有淡淡的味道，尝起来有点苦	有烂斑、伤斑、虫斑、黄锈斑，味怪

标准四：豆类蔬菜采购标准

1. 常见品种

常见的豆类蔬菜主要有毛豆、豌豆、豇豆、四季豆、刀豆、蚕豆、扁豆、荷兰豆、豆芽等。如图3-11、图3-12所示。

图3-11 四季豆

图3-12 豆芽

2. 基本要求

豆类蔬菜要求色泽鲜绿，豆荚硬实肉厚，荚嫩脆香，不显籽粒，无褐斑、虫洞，不失水。

3. 采购标准

豆类蔬菜的采购标准见表3-7。

表3-7 豆类蔬菜采购标准

品名	优质形态	劣质形态
豇豆	颜色淡绿、有光泽,豆荚细长、均匀、挺直、饱满,有花蒂,有弹性,折之易断	有虫洞、黄斑、烂斑、粗细不均匀,豆荚松软、有空,折之不断、筋丝较韧
毛豆	颜色青绿,豆荚表皮茸毛有光泽,豆荚饱满,剥开后豆粒呈淡绿色、完整,有清香	受潮有虫洞、软烂,颜色发黄、发黑,豆粒小而瘪,有异味
青豆米	颜色青绿单一、有光泽,豆粒大、均匀完整,较嫩	颜色杂,大小不均匀,有碎粒、烂粒、霉粒、杂质
四季豆	颜色为翠绿色,表面有细绒毛,豆荚细长均匀、水分充足、饱满,有韧性、能弯曲,指甲掐后有痕,折之易断	有虫洞、斑点、水锈、腐烂、萎蔫,纤维明显、筋丝粗韧、豆荚粗壮,难弯曲
荷兰豆	颜色嫩绿有光泽,豆荚挺直,折之易断,筋丝不明显,豆粒小	枯萎,颜色为黄绿色,筋丝明显,折之不断
黄豆芽	芽身挺直、短而粗,根须短,芽色洁白晶莹	发黄、发黑、干燥,豆壳多,断芽、烂头、烂尾
绿豆芽	芽身挺直、短而粗,根须短,芽色洁白晶莹	发黄、发黑、干燥,豆壳多,断芽、烂头、烂尾

标准五:菇菌类蔬菜采购标准

1.常见品种

常见的菇菌类蔬菜主要有香菇、木耳、草菇、金针菇、猴头菌、竹荪、蒙古口蘑、牛肝菌、羊肚菌等。如图3-13、图3-14所示。

图3-13 香菇

图3-14 竹荪

2.基本要求

菇菌类蔬菜要求外形饱满,手感强韧,伞内无腐烂、发霉或变色。

3.采购标准

菇菌类蔬菜的采购标准见表3-8。

表3-8 菇菌类蔬菜采购标准

品名	优质形态	劣质形态
香菇	菌盖为褐色、有光泽，菌褶为淡米色或乳白色，菌身完整无损、不湿，菌盖厚大、有弹性，柄短小、香味浓、重量轻	腐烂、破损、潮湿黏手，菌身不完整，颜色暗淡、发黑，味淡或有异味
平菇	菌为洁白色，菌身完整、大小均匀，菌盖与柄、菌环相连未展开，根短	发霉、潮湿黏手、水浸、有杂质，菌盖边缘裂开、盖柄脱离，颜色发黄、有黄斑
草菇	顶部颜色为鼠灰色，根部为乳白色，蛋形或卵圆形，饱满、菌膜未破，湿度适中	潮湿黏手、水浸、腐烂，有异味、杂质多，颜色变黑，菌盖欲开或菇腰凹陷
金针菇	菌盖为乳白色，菌柄为淡黄色，根部为淡褐色，菌身细短、挺直	腐烂、潮湿、枯萎，菌盖脱落、柄粗长、颜色发黄

标准六：水果类采购标准

1. 基本要求

对水果类总的感官要求为：果实结实、有弹性，汁多、肉甜、味足，手掂重量合理，未失水干缩，柄叶新鲜，果形完整、个体均匀，带本色香味，表皮颜色自然有光泽，无疤痕、变色或受挤压变形、压伤，无虫眼或虫啃咬过的痕迹，无过熟、腐烂迹象。普通水果如图3-15所示，热带水果如图3-16所示。

图3-15 普通水果——水蜜桃

图3-16 热带水果——芒果

2. 采购标准

水果类的采购标准见表3-9和表3-10。

表3-9 普通水果采购标准

品名	优质形态		劣质形态
	外观	口感	
柑橘	个匀，果实结实、有弹性，手掂有重量感，果形完整，有色泽，无疤痕，不萎缩、变色、受挤压变形，带本色香味，柚类无褐斑、黑点	甜、酸甜，汁多，肉嫩，渣少	果皮有疤痕，失水干缩，腐烂霉变

续表

品名	优质形态		劣质形态
	外观	口感	
苹果	个匀,结实、多汁、有光泽,表面光滑、无压伤、疤痕、不干皱,带本色香味	脆甜、酸甜、汁多	腐烂发霉,果皮失水萎缩,有疤痕、损伤、虫洞
梨	个匀,表面颜色自然有光泽,结实,带本色香味,无干皱、无压伤	甜而多汁,酥脆、渣少	失水干皱,无光泽,果皮变黑,切开心发黑,有冻压伤、虫洞
水蜜桃	果皮粉红、个大形正、均匀整齐,表面有细小的绒毛,带本色香味,果体成熟微软,皮薄易剥离	果肉淡黄色,味甜、多汁、肉柔糯、无渣、芳香	压伤,开裂出水,变软过熟、腐烂、有虫洞
樱桃	果体呈圆珠状,饱满色深、粒大均匀,有晶莹透明之感,带本色香味	皮薄、汁多,果肉软嫩、味甜、小核	有疤痕、萎缩、腐烂、过熟、裂皮、渗水或虫及杂质等
杏	果皮为深黄色或金黄色,有红晕,表面带绒毛,果体微软有弹性,带本色香味	果肉柔嫩,味酸甜、无涩味且多汁	出现腐烂、压伤、疤痕、开裂、过熟、萎蔫、变软等情形
瓜	果形完整、结实,无开裂、压伤	汁多肉甜、沙、脆、滑、香	有疤痕、压伤,甚至出现黑斑、瓜身有变软、腐烂等情形

表3-10 热带水果采购标准

品名	优质形态		劣质形态
	外观	口感	
火龙果	颜色鲜红光亮,体表有较厚的短叶,底部的花萼叶子较长,形状如一团火焰,叶子挺直,呈淡绿色,果体结实,水分充足、无皱纹	果肉乳白,布满芝麻状的黑色种子,肉质脆嫩,口感清淡、微甜,水分充足	腐烂、压伤、表皮皱纹、叶片发黄、果体变软或无光泽、果肉变半透明状
枇杷	颜色为黄色或橙色、有光泽,表面有绒毛和果粉,个大均匀饱满,呈鹅蛋形,有新鲜的果柄,微软、有弹性	成熟度高,肉质结实呈深黄色、皮薄、多汁,肉厚细嫩,口味甜中带微酸,核较大	腐烂、萎蔫、过熟、压伤、瘀伤、表皮发皱、果柄脱落
芒果	颜色为黄色或黄绿色,表面油滑、有光泽,果形均匀,有芒果香味,手感微软、结实	果肉为淡黄色,口感甜、香味浓郁、肉质细滑	软腐病、蒂腐病、黑斑、压伤、瘀伤、过熟、过生、萎蔫、果皮皱
香蕉	成熟度八成以上,中间颜色黄色,两端青绿色或全部黄色且有梅花点、有光亮,果形长而弯曲,呈月牙形,菱角不明显,果身圆满、有弹性	皮薄、易剥离,果肉呈淡黄色或奶白色,口感甘甜香浓、柔糯不涩,香气浓郁	腐烂、过熟、过生、裂开、发黑、异味、皮肉粘连、果肉软烂

续表

品名	优质形态		劣质形态
	外观	口感	
龙眼	颜色呈黄褐色，表面干燥光滑，果体呈小球形，饱满有弹性，带长果枝	果皮薄而韧，果肉晶莹洁白、肥硕多汁、味甜如蜜	腐烂、变黑、爆裂、果汁外溢
荔枝	颜色鲜红或浅红色，表面布满龟裂片，果体上大下小呈心形，果粒饱满、有弹性	皮薄，果肉洁白透明，口感细嫩、味甜、多汁	果皮变褐色、裂开、萎蔫，果汁外溢，过软
红毛丹	颜色鲜红，表皮长有较长、挺直的须，果体呈圆球状	果肉洁白晶莹、脆嫩，口感清甜、汁多	萎蔫、须变黑、爆裂、果汁外溢
椰青	纤维质颜色雪白，外观削成圆柱锥形，表面湿润，摇晃水声清晰	椰汁透明、清淡、略甜、爽口，肉甘香	纤维质发黑、发红，腐烂、裂开、萎蔫、有异味
杨桃	颜色翠绿透黄，表面有蜡质光亮，外观椭圆状，横断面呈五星形，棱间丰满，果体呈半透明状	皮薄如纸，果肉白色、晶莹透亮，口感爽脆多汁、清甜微酸	腐烂、压伤、擦伤、瘀伤、黑斑
黑、红布林	颜色鲜红或紫红色或黑色及紫黑色，表面有白霜，圆形或椭圆形，个体均匀整齐，果体微软且有弹性	果肉呈黄色或褐色，皮薄、肉质脆嫩、味道甜美（李子味）	腐烂、裂开、过熟、萎蔫或表皮起皱、发霉、压伤、瘀伤、味涩
菠萝	果皮厚，有突出果眼呈鳞状，果形椭圆，果肉黄色	质脆嫩爽甜，纤维少，冠顶叶青绿	通体金黄（已过熟），果肉发软，果眼溢汁，表面发霉
榴莲	果皮长满尖刺，果形完整、饱满	果肉鲜黄，香甜细滑，有成熟果实的特有香气	开裂，有冻伤、有黑斑，果肉极软、颜色白
山竹	果实呈圆形，果皮厚而硬，紫黑色，果顶瓣鲜绿	果肉为白色肉瓣，甜而微酸	果柄干枯、压伤、过生（青白或粉红）、过硬（用手捏不开，果肉已变质）

第三节 肉类采购标准

标准一：猪肉采购标准

1.新鲜猪肉

新鲜猪肉（如图3-17所示）的采购标准见表3-11。

表3-11 新鲜猪肉采购标准

项目	优质	次质
外表	表皮白净，毛少或无毛	有血块、污染，毛多，肉质瘫软
颜色	脂肪洁白有光泽，肉呈鲜红色或玫红色	暗红色或灰褐色，脂肪呈黄白色，绿色或黑色表示已腐坏
弹性	弹性好，按之迅速恢复	弹性差，按之恢复较慢或有明显的按压痕迹
黏度	表面不黏手	干燥或黏手
气味	正常的肉味	有异味

图3-17 新鲜猪肉

2.冷冻猪肉

冷冻猪肉（如图3-18所示）的采购标准见表3-12。

表3-12 冷冻猪肉采购标准

项目	优质	次质	变质
颜色	外表颜色比冷却肉鲜明，表面切开处为浅玫瑰色至灰色，用手或热刀触之，立显鲜红色，脂肪洁白	色稍暗红，缺乏光泽；脂肪微黄，有少量霉点	色暗红、无光泽，脂肪黄色或灰绿色，有绿斑、紫斑、污血，过多冰衣、白霜
肉质	肉坚硬，像冰一样，敲击有响声，无杂质，无肌肉风干现象，肌腱为白色、石灰色	肉质软化、松弛	肉质松弛
黏度	外表及切面微湿润、不黏手	外表湿润、不黏手，切面有渗出液、不黏手	外表湿润、黏手，切面有渗出液、黏手
气味	化冻时有肉的正常味，略潮，没有熟肉味	稍有氨味或酸味	有氨味或酸味、臭味

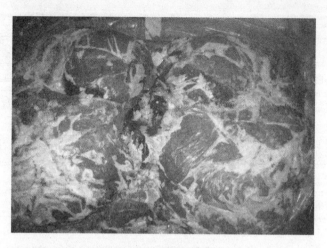

图3-18 冷冻猪肉

标准二：牛肉采购标准

1.新鲜牛肉

新鲜牛肉（如图3-19所示）的采购标准见表3-13。

表3-13 新鲜牛肉采购标准

项目	优质	次质
颜色	颜色暗红、有光泽，脂肪洁白或淡黄色	颜色发黑或呈鲜红、淡红色，表面颜色不一致，脂肪呈黄色
肉质	肉质纤维细腻、紧实，夹有脂肪，肉质微湿	肉质纤维松软粗糙，含水分大甚至滴水
弹性	弹性好，指压后凹陷能立即恢复	弹性差，指压后凹陷难以恢复
黏性	表面微干，有风干膜，不黏手	表面过于干燥、失水，或过湿、无风干膜
气味	有牛肉的膻气	有异味、氨味等

图3-19 新鲜牛肉

2.冷冻牛肉

冷冻牛肉的采购标准见表3-14。

表3-14 冷冻牛肉采购标准

项目	优质	次质	变质
颜色	色红均匀、有光泽，脂肪洁白或微黄色	色暗，肉与脂肪缺乏光泽，切面有光泽	肉色暗，脂肪发污，切面无光泽
肉质	结构紧密坚实，肌肉纤维韧性强	肉质松弛，肌肉纤维有韧性	肉质软化、松弛，肌肉纤维缺乏韧性
黏度	外表风干、有风干膜，或外表湿润、不黏手	外表风干或轻度黏手，切面湿润、不黏手	外表极度干燥、黏手，切面湿润黏手
气味	牛肉的正常气味	稍有氨味或酸味	有氨味或酸味、臭味

标准三：羊肉采购标准

1.新鲜羊肉

新鲜羊肉的采购标准见表3-15。

表3-15 新鲜羊肉采购标准

项目	优质	次质
颜色	颜色深红色或淡红色，有光泽，脂肪颜色洁白或乳白	颜色发黑或发绿，无光泽，脂肪黄色
弹性	弹性好，指压后凹陷能立即恢复，不黏手	弹性差，指压后凹陷难以恢复，表面黏手
肉质	肉质纤维细软，少有脂肪夹杂，有羊肉的膻气	肉质纤维粗硬，脂肪夹杂较多，有异味

2.冰冻羊肉

冰冻羊肉的采购标准见表3-16。

表3-16 冰冻羊肉采购标准

项目	优质	次质	变质
颜色	颜色鲜艳，有光泽，脂肪白色	肉色稍暗，脂肪稍黄，表面缺乏光泽，切面有光泽	色暗，脂肪微黄，表面无光泽、切面无光泽
肉质	结构紧密坚实，肌肉纤维韧性强	松弛，肌肉纤维有韧性	软化、松弛，肌肉纤维缺乏韧性
黏度	外表风干、有风干膜，或外表湿润、不黏手	外表风干或轻度黏手，切面湿润、不黏手	外表极度干燥、黏手，切面湿润黏手
气味	羊肉的正常气味	稍有氨味或酸味	有氨味或酸味、臭味

标准四：禽肉采购标准

1. 新鲜禽肉

新鲜禽肉的采购标准见表3-17。

表3-17 新鲜禽肉采购标准

项目	优质	次质	变质
眼球	平坦	多皮缩、凹陷，晶体稍混浊	干缩、凹陷，晶体混浊
色泽	皮肤有光泽，因品种不同呈现乳白色、红色、灰色、灰白色等，肌肉切面有光泽	皮肤无光泽，肌肉切面有光泽	体表无光泽，局部发绿
黏度	外表稍湿润、不黏手	外表干燥或黏手，新切面湿润	外表干燥或黏手，新切面发黏
弹性	指压后凹陷立即恢复	肌肉开始松弛，指压后凹陷立即恢复	肌肉软化，指压后的凹陷不能恢复
气味	具有鸡鸭鹅固有的正常气味	有不新鲜味	体表和腹腔有不鲜味或臭味
肉汤	透明澄清，脂肪团聚于表面，具有特有香味	香味差、无鲜味	有腥臭味

2. 鸡的分割部件

鸡的分割部件的采购标准见表3-18。

表3-18 鸡的分割部件采购标准

序号	部件名称	标准
1	鸡脚	（1）新鲜质量好的鸡脚颜色呈乳白色，表面有光泽，个大完整，整齐度好，肉厚有弹性，无黄皮趾壳，无血污、血水，无残缺，脚趾根上无黑斑，如图3-20所示 （2）质量稍差的则颜色发黄、过分水浸、个太小或软烂、有黑色的碱斑
2	鸡翅	（1）优质的鸡翅颜色淡黄，有光泽，皮光洁紧缩，肉与皮结合紧密，无异味、无残羽，无伤斑和溃烂，无血水、血污 （2）质量稍差的则脱皮、瘀血、发皱、有毛、黏手、有异味
3	鸡胸肉	无残羽，无血水、血污，无残骨，无伤斑、溃烂、炎症，允许有少数红斑
4	鸡脖	去颈部皮，无羽毛、无血污，品质新鲜
5	全腿	（1）肉颜色鲜红，有光泽，皮光洁紧缩，肉与皮结合紧密、弹性好，无异味、无残羽，无血水、血污，无残骨，无伤斑、溃烂、炎症 （2）质量稍差的则会出现脱皮、瘀血、发皱、黏手、颜色发暗、有异味等情形
6	鸡肝	外形完整，去胆，无寄生虫、炎症、水泡，无胆汁污染，无血迹
7	鸡胗	（1）新鲜质量好的鸡胗呈紫绛色，结构紧密、厚实，有弹性、不黏手，外形完整，无内膜、无脂肪，去食管 （2）质量稍差的颜色则呈灰绿，结构松弛、无弹性，表面黏手，有异味或污物

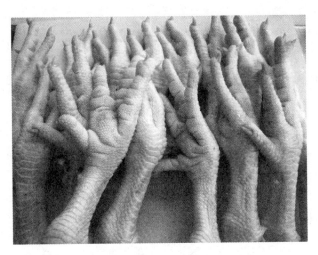

图3-20 新鲜鸡脚

标准五：其他肉类附属产品采购标准

1.猪的脏器

猪的脏器采购标准见表3-19。

表3-19 猪的脏器采购标准

序号	类别	优质	次质
1	猪肠	乳白色或淡褐色，卷曲有皱褶，质地稍软，清洁，略带坚韧，外形完整，无变质异味，无炎症溃疡、瘀血、充血、水肿及其他病理现象，无肠头毛圈、脂肪、内容物	颜色呈淡黄色或灰绿色，肠壁发黏或有病变、溃疡、脓肿、寄生虫、污物
2	猪肚	乳白色，组织结实，无异味，外形完整，质地柔软，表面清洁，内壁光滑，无溃疡及其他病变现象，无内容物、黏膜、脂肪，无瘀血、肠头毛圈	颜色呈灰绿色，结构松烂或硬厚，有硬块、溃疡、红肿、异味，或有污物
3	猪心	颜色鲜红，脂肪乳白或红色，结构紧实，形状完整，切开后有血块，有弹性	颜色发暗或呈红棕色，脂肪灰绿，质地软、无弹性，有异味、肿块或寄生虫
4	猪肝	红褐色或棕黄色，有光泽，湿润，略有弹性，组织结实微密，肝叶完整，无脂肪，无寄生虫、炎症、水泡、薄膜，无胆汁污染，微有鱼腥味	颜色呈暗红或褐绿色，软塌、松散、无弹性，易破损，有异味，胆汁流出或有寄生虫
5	猪脚	品质新鲜，乳白色或淡黄色，表面光滑无毛，肉弹性好，形状完整，去蹄壳，不带蹄筋，趾间无黑垢，无松香味	颜色发黄，有毛或血斑、血块，弹性差，表皮破损
6	猪耳	颜色呈黄白色，表面光滑无毛，形状完整，弹性好，质地硬脆	毛多、有血块，形状破损，质地塌软

2.肥牛

（1）优质的肥牛颜色呈鲜红色，脂肪洁白，肥与瘦分布均匀、比例合适，切片整齐、碎肉少。

（2）质量稍差的颜色则发黄，肥瘦不均，碎肉多，切片解冻或结块，有异味。

3.羊肉卷

（1）优质的羊肉卷颜色鲜艳，脂肪洁白，瘦肉比例大，切片整齐、碎肉少。

（2）质量稍差的则颜色发暗或微黑，肥肉过多，碎肉多，切片解冻或结块，有异味。

4.冷藏丸子

（1）质量好的冷藏丸子颜色均匀，有该种商品特有的颜色，如牛肉丸颜色呈深褐色，形状为圆球形，弹性好，表面湿润不黏手，气味正常。如图3-21所示。

图3-21　冷藏丸子

（2）质量稍差的颜色深浅不一，形状不规整，弹性差，手感发黏，有腐坏变质的异味。

5.冷藏香肠

（1）质量好的冷藏香肠颜色均匀，有该种商品特有的颜色，弹性好，表面湿润、光滑，不黏手，气味正常。

（2）质量稍差的颜色深浅不一，形状不规整，弹性差，肉散或皮肉分离，手感发黏，有腐坏变质的异味。

6.散腊肠

（1）质量好的散腊肠呈深红色，夹带白色脂肪，腊肠结实、干燥、完整，表面有光泽、起皱，肉质弹性好，具备腊肠的香味。如图3-22所示。

（2）质量稍差的呈淡黄色或黄色，腊肠软湿、易碎、发黏，表面无皱纹、无弹性，有白（灰）色斑点，肠衣与肉分离，有异味。

7.散腊肉

（1）质量好的散腊肉颜色红润，脂肪发黄、半透明，肥瘦均匀、整齐，肉质柔软、有弹性，具有腊肉特有的香味。如图3-23所示。

（2）质量稍差的颜色呈深褐色，表面有白点，肉质坚硬、干燥，有哈喇味或其他异味。

图3-22 腊肠

图3-23 腊肉

第四节 海鲜类采购标准

标准一：活鲜采购标准

1.鱼类

对于鱼类，主要是通过感官进行鉴别，具体标准见表3-20。

表3-20 鱼类的鉴别标准

项目	优质	次质	劣质
鳞	有光泽且与身体紧密结合，无黏液附着	缺乏光泽，有点脱落，有点黏性	无光泽，肉质松弛，有臭味，不洁且附满黏液
眼球	眼睑突出，角膜透明	陷入，眼睑红色，角膜变浊	眼球破坏或脱落
鳃	鲜红色，有鲜鱼味，鳃的褶坚固地紧闭着	鳃的褶容易打开，有些褐色，有不洁灰红色液体，有臭味	明显松弛，有恶心的臭味
气味	新鲜味	—	腐败味
肉质	坚实有弹性，骨密接	柔软，容易与骨脱离	湿润、柔软
鱼体	将鱼水平放在掌上，没有弯曲现象	骨特别是尾端容易弯曲，腹部胀大、褪色，指压留压痕	明显松弛，有恶心的臭味
投水试验	浸入水中	浮于水面	浮于水面

> **小提示**
>
> 螃蟹将死或已死，体内会产生有毒物质组胺，所以死蟹不宜食用。吃死蟹者可能出现呕吐、腹痛、腹泻等症状。

2.海鲜

各类海鲜的鉴别标准见表3-21。

表3-21　各类海鲜的鉴别标准

项目	优质	次质
软体类	色泽鲜艳，表皮呈原有色泽，有亮泽，黏液多，体形完整，肌肉柔软而光滑	色泽发红，无光泽，表面发黏，略有臭味
贝壳类	受刺激时贝壳紧闭，两贝壳相碰时发出实响	贝壳易张开，两贝壳相碰时发出空响
虾类	外壳有光泽、半透明，肉质紧密、有弹性，甲壳紧密裹着虾体，色泽、气味正常	外壳失去光泽、混浊，肉质松软、无弹性，甲壳与虾体分离，从头部起逐渐发红，头脚易脱落，有臭味
蟹类	蟹壳纹理清晰；动作敏捷，将腹部朝上，能迅速翻身；脚爪伸直不下垂；肉质坚实，气味正常	蟹壳纹理不清，蟹脚下垂并易脱落，体轻，有腐臭味
甲鱼	表面光滑有光泽，肌肉丰满、裙边宽厚，行动迅速生猛，腹部朝上能自动翻身	皮肤腐烂，裙边不全，有白斑、红斑，行动迟缓，脖子红肿，腿侧有针眼，不能自动翻身
乌龟	外壳坚固，边缘整齐，头伸缩自如	皮肤腐烂，有灰色白斑、红眼、外伤

标准二：冰鲜采购标准

1.冰鲜鱼

冰鲜鱼（如图3-24所示）的采购标准见表3-22。

表3-22　冰鲜鱼采购标准

类别	优质	次质
肌肉	坚实有弹性，指压后凹陷立即消失，肌肉的横断面有光泽，无异味	肌肉松软无弹性，指压后凹陷不易消失，易与骨刺分离，有霉味及酸味
眼睛	眼球饱满、明亮、清晰且完整，瞳孔黑，角膜清澈	眼球塌陷，角膜浑浊，眼腔被血浸润
鳃	新鲜的鱼鳃呈鲜红色或血红色，鳃丝清晰，黏液透明且没有粘泥，无异味	呈褐色至灰白色，附有浑浊黏液，有酸臭味及陈腐味
体表	体表完整无破损，有透明黏液，鳞片鲜明有光泽，贴附鱼体牢固，不易脱落	有黏液污秽，鳞无光泽易脱落，并有腐败气味
腹部	腹部完整不膨胀，内脏清晰可辨，无异味	不完整，膨胀破裂或变软凹下，内脏黏液不清，有异味

图3-24 冰鲜鱼

2.冰鲜虾

冰鲜虾有固有的颜色，不发白或发红，头胸甲与躯干连接紧密，无断头现象，虾身清洁无污物。

3.冰鲜软体类

冰鲜软体类（如图3-25所示）的采购标准见表3-23。

表3-23 冰鲜软体类采购标准

项目	优质	次质
墨鱼	表皮白色，肉质洁白、有光泽，有黏液，斑点清晰，形体完整，头身连接，结构紧密，弹性好，稍有腥味	颜色发红或色泽模糊，头体分离、断缺，结构松弛、弹性差或肉易烂易裂，有异味
鱿鱼	表皮白色，肉质洁白，有褐色斑点，有光泽，有黏液，形体完整，头身连接，结构紧密，韧性好，稍有腥味	颜色为黄褐色，头体分离、断缺，结构松弛、韧性差或肉瘫软易碎，有异味
银鱼	颜色为乳白色，半透明、有光泽，鱼条挺直、整齐，无杂质、无腥味	颜色为灰白色或黄色，不透明，鱼条小而软烂或掉头断身，有杂质、有异味

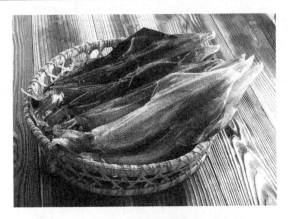

图3-25 冰鲜鱿鱼

标准三：鱼糜制品采购标准

在采购鱼糜制品时，可参考表3-24所列的标准。

表3-24 鱼糜制品的采购标准

项目	优质	次质
鱼丸类	颜色为白或灰白，表面光滑，大小均匀，肉质松软有韧性，口味新鲜、咸淡适中，无腥味	颜色发暗，大小不均匀，变质、有异味、有异物，粉过多，腥味大
鱼卷类	颜色为淡黄或黄白色，不焦不糊，长短粗细均匀，无回生现象，肉质柔软、口味鲜美、咸淡适中，无腥味	发黏、回生、焦糊腥味大，有异味
鱼糕类	颜色洁白，肉质松软有弹性，切割后不散，刀口平滑整齐不碎，口味鲜美、咸淡适中，无腥味	发黏、回生、酸败，容易碎，腥味大、有异物

标准四：海产干货采购标准

海产干货主要包括鱿鱼干、墨鱼干、鱼翅、干贝、海米、虾皮、贝尖、虾籽、干海参、海带等。如图3-26至图3-28所示。

图3-26 干贝

图3-27 干海参

图3-28 海带

海产干货的采购标准见表3-25。

表3-25 海产干货采购标准

项目	一等品	二等品	三等品	次品、变质品
虾米	颜色为淡黄或浅红色，鲜艳光亮，咸味轻，虾肉弯曲，大而均匀，较干，无虾壳、无杂质	颜色为灰黄色，无光，咸味重，虾肉弯曲，形小均匀，干度差，无虾壳，有少量杂质	颜色灰黑，咸味重，有臭味，虾肉黏手、潮湿、散碎，表面发霉，杂质较多	—
虾皮	颜色淡黄、有光泽，片大均匀（2厘米以上），头尾完整，干燥无杂质，咸味很轻	颜色为黄色、无光泽，片稍小均匀（2厘米以下），整齐有断片，干燥，有少量杂质，味稍咸	颜色暗黄、无光泽，片小、不完整，干度差，有杂质，味咸	颜色深黄或发红，碎片多或大部分为碎屑，潮湿黏手，有小鱼、小蟹杂质，咸味重或有异味

续表

项目	一等品	二等品	三等品	次品、变质品
牡蛎干	颜色淡黄，光泽新鲜，个大肥满，大小均匀，不破不碎，干度足，口味鲜	颜色褐红，光泽一般，个大肥满，大小不匀，有破碎，干度不足，有潮湿感	颜色褐黑，无光泽，体小而瘦，有发霉的味道	—
蛏子干	颜色淡黄，体大肥满，不破碎，口味鲜淡，干度足，无沙质杂物，干净卫生	颜色淡红，体大肥满，不破碎，口味稍咸，有潮湿感，稍有壳皮和沙质	颜色褐红，体形较小，口味苦咸，有发霉的味道	—
蛤子干	颜色淡白微黄，体大不破碎，干度足，有新鲜感，盐分轻，口味鲜淡	颜色淡红，体大不破碎，干度稍差，有轻度盐霜，口味较咸	颜色暗红，有破碎现象，盐霜重，口味苦咸，有发霉的味道	—
蚬子干	颜色淡白，光泽新鲜，个体大，口味鲜淡，沙质杂物少，干度足	个大色鲜，口味较咸，干度不足，有盐霜	体形大小不均匀，颜色稍红，味道苦咸，无鲜味，盐霜、杂物、碎末多	—
海螺干	颜色淡黄，有光泽，肉净无内脏，干度适中，口味鲜淡，无异味，清洁干净	颜色褐黄，光泽暗淡，有咸味，肉体模糊	颜色褐黄，部分有内脏，肉体表面有盐霜，有发霉味道	—
淡菜	颜色红黄或黄白，有光泽，个大体肥，贝体完整，干度足，口味鲜淡而稍甜，无杂物、足丝	颜色褐红，个大体肥，有破碎的现象	颜色褐红，个体瘦小，灰暗无光，有发霉味道，杂质多	—
干贝	颜色淡黄、乳白，有光泽，肉柱大而均匀，形体完整、纤维清晰，质硬无裂缝、碎屑，有香气	颜色深黄，无光泽，肉柱小而不均匀，质软有裂缝、碎屑，有腥味	颜色为黄绿色，肉柱不成形，潮湿、黏手，质软，有霉味	—
鱿鱼干	颜色呈浅粉红色，半透明，清洁有光泽，体长20厘米以上，片大完整，边缘稍有卷曲，有香气	颜色发暗，两侧有微小的红点，清洁无光泽，片小完整，体长20厘米以下，形体弯曲，受潮发软，香气淡	颜色发黑，有虫蛀、发霉的迹象，身体软烂，头身分离，潮湿黏手，有霉味	—
墨鱼干	颜色呈黄棕色，半透明，清洁有光泽，体长20厘米以上，片大完整，匀称平展，片厚、干燥、硬实，有香气	颜色为深褐色，有红、白、黑斑点，体长20厘米以下，边缘不平整	表面有霉花斑、虫蛀，严重受潮，不成形，有霉味，黏手	—

续表

项目	一等品	二等品	三等品	次品、变质品
银鱼干	颜色为乳白色,条干大且均匀,挺直、整齐、干燥,香气浓郁	颜色为黄色,条干小而整齐,稍有弯曲,微潮,香气淡	—	颜色橘黄或发红,鱼体弯曲或发霉结块,潮湿黏手,有异味
干海参	形体大而坚硬,刺参500克/35支以内,干燥有光泽,肚内无沙	形体中等大小而稍硬,刺参500克/50支以内,干燥无光泽,肚内沙少	形小发软,稍湿,色泽较暗,肚内泥沙多	发霉、虫蛀、体软、潮湿、黏手,有霉味、臭味
鱼肚	颜色淡黄或乳白,半透明,片大而完整,干燥质硬,敲击有声	颜色为黄色,透明度差,片小而不整齐,可弯曲并自行弹回	颜色为黄色或局部褐色,有少量的血筋,不透明,片小而不整齐,潮湿	颜色发绿,有霉变和虫蛀,片断裂不成形,软烂
紫菜	颜色为紫色,有光泽,干燥成饼,片薄紧密,无泥沙,有紫菜的香味	颜色紫色中有绿褐色,无光泽,片厚成饼,结构松软,有少量泥沙,香气淡	颜色紫、绿、褐色均有,无光泽,松散不成片,有泥沙、杂质,有异味	颜色为黄白色,发霉、潮湿、软烂,有异味
鲍鱼干	颜色为粉红色或淡黄色,有光泽,半透明,体形大、完整、均匀、肉结实、饱满、干燥,有香气	颜色灰暗,欠透明,表面有白粉包裹,形体小,不完整,稍湿,有腥气	—	有霉点、潮湿、异味,体形不完整
海带	颜色深绿、褐绿色,叶片长大宽厚、整齐,质硬而韧、干燥、无杂质、沙粒,香气浓郁	颜色为褐黄色,叶片短薄窄、欠整齐,质软回潮,有杂质沙粒,香气淡	—	颜色为黑褐色或有白色霉点,受潮发软,风干失水,生虫或有异味

第五节 其他食材采购标准

标准一:谷类原料采购标准

1. 大米

大米是餐饮企业必须配备的重要材料,其采购方法如图3-29所示。

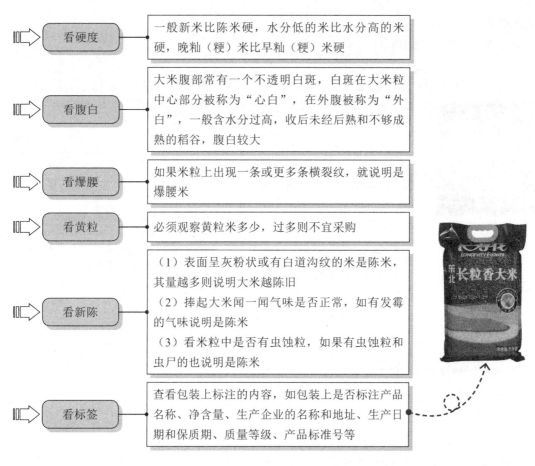

图 3-29 大米的采购方法

2. 面粉

采购面粉时可参考如图 3-30 所示的方法。

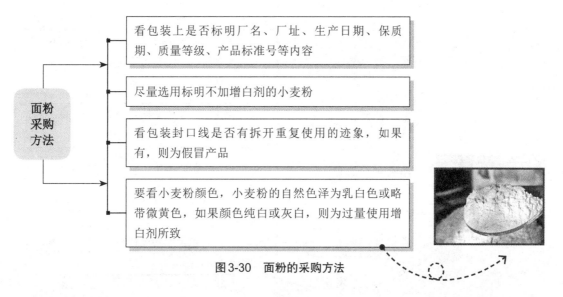

图 3-30 面粉的采购方法

3.小米

小米的采购方法如图3-31所示。

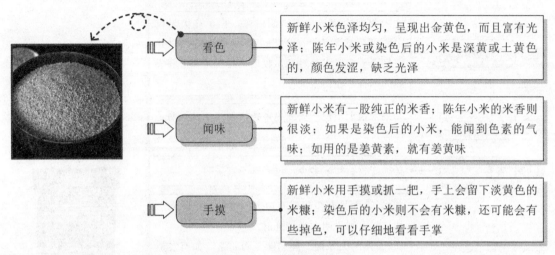

图3-31 小米的采购方法

标准二：豆制品采购标准

餐饮企业采购员在采购豆制品时应注意以下事项。

（1）最好到有冷藏设备的副食商场、超级市场采购。

（2）真空袋装豆制品要比散装的豆制品卫生、保质期长且携带方便。

（3）要查看袋装豆制品是否标签齐全，尽量购买生产日期最近的豆制品。

（4）注意袋子真空要抽得彻底，包装还需完整。

标准三：植物油采购标准

一般来说，植物油的采购方法如图3-32所示。

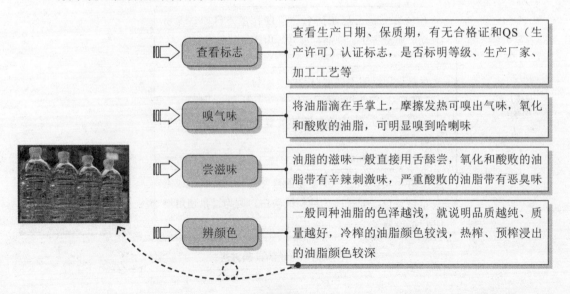

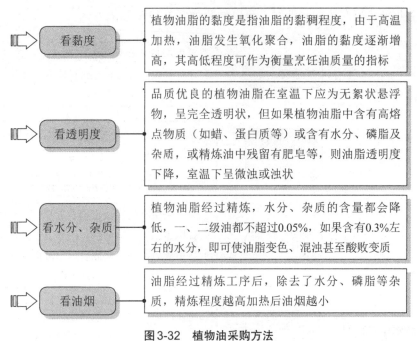

图3-32 植物油采购方法

标准四：调味品采购标准

调味品是餐饮企业不可或缺的食材，没有调味品，即使再好的菜品原料也做不出好菜。因此，对于调味品要慎重挑选。

1. 食盐

食盐的分类标准如图3-33所示。

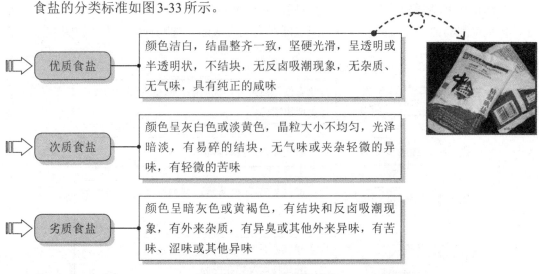

图3-33 食盐的分类标准

2. 酱油

餐饮企业采购员在选购酱油时，可以参照如图3-34所示的方法。

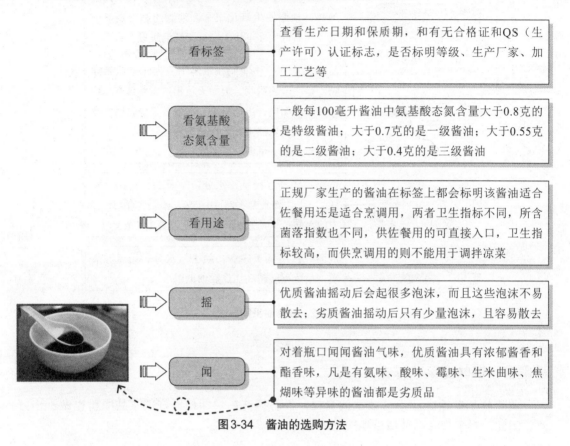

图3-34 酱油的选购方法

3. 食醋

食醋由于酿造原料和工艺条件的不同，其风格各异，目前还没有一个统一的分类方法，但根据制醋的工艺流程，可分为酿造醋和人工合成醋。选购食醋时应从如图3-35所示的4个方面进行鉴别。

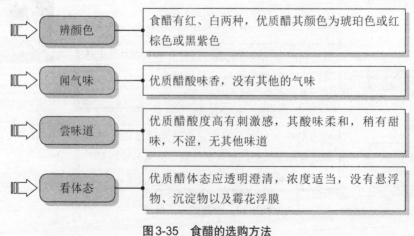

图3-35 食醋的选购方法

> **小提示**
>
> 优质醋的颜色为棕红色或深褐色或无色透明,有光泽,有熏香或醇香,酸味柔和,不涩,回味绵长,浓度适当,无沉淀物。

4. 姜粉

姜粉的鉴别方法如图3-36所示。

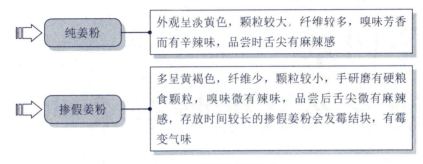

图3-36 姜粉的鉴别方法

5. 味精

味精的鉴别方法如图3-37所示。

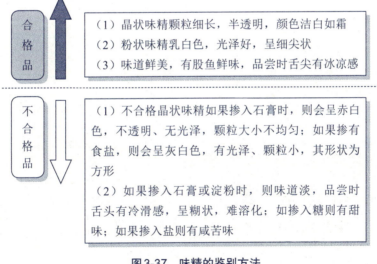

图3-37 味精的鉴别方法

第四章
酒水及其他物资采购

☞ 第一节 餐饮企业酒水采购
☞ 第二节 餐饮企业其他物资采购

第一节 餐饮企业酒水采购

酒水一：白酒采购

1.白酒分类

按不同的分类标准，白酒可以分为不同的类别，具体分类如下。

（1）香型。白酒根据其香型可分为以下10种，具体见表4-1。

表4-1 白酒分类（按香型）

序号	类别	特征		示例
1	浓香型白酒（如图4-1所示）	窖香浓郁，口味丰满，入口绵甜、干净、纯正		以泸州特曲、五粮液、剑南春、全兴大曲、沱牌曲酒为代表的四川派，以洋河、双沟、古井、宋河粮液为代表的纯浓派
2	清香型白酒	酒色清亮透明，口味清香纯正，后味很甜		汾酒、黄鹤楼酒和宝丰酒为代表
3	米香型白酒	口味柔和，蜜香清雅，入口绵甜，后味怡畅		桂林三花酒
4	凤香型白酒（如图4-2所示）	无色透明，醇香秀雅，醇厚丰满，甘润挺爽，诸味协调，尾净悠长		西凤酒
5	董香型白酒	清澈透明，药香舒适，香气典雅，酸度较高，后味较长		贵州董酒
6	豉香型白酒	玉洁冰清，豉香独特，醇和甘滑，余味爽净		广东玉冰烧酒
7	芝麻香型白酒	芝麻香突出，幽雅细腻，甘爽协调，尾净具有芝麻香特有风格		山东景芝白干酒
8	特型白酒	酒色清亮，酒香芬芳，酒味醇正，酒体柔和，诸味协调，香味悠长		江西四特酒
9	酱香型白酒	酒色微黄而透明，酱香、焦香、糊香配合谐调，口味细腻、优雅，空杯留香持久		茅台酒、郎酒、武陵酒
10	兼香型白酒	酱中带浓型	芳香、舒适，细腻丰满，酱浓协调，余味爽净悠长	湖北白云边酒
		浓中带酱型	浓香带酱香，诸味协调，口味细腻，余味爽净	黑龙江玉泉酒

图4-1 浓香型白酒——五粮液

图4-2 凤香型白酒——西凤酒

（2）生产工艺。按生产工艺，白酒可分为两类，具体如图4-3所示。

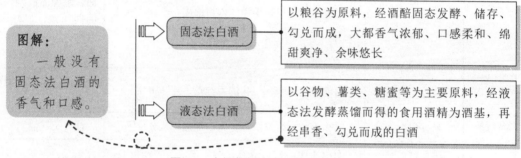

图解：一般没有固态法白酒的香气和口感。

固态法白酒：以粮谷为原料，经酒醅固态发酵、储存、勾兑而成，大都香气浓郁、口感柔和、绵甜爽净、余味悠长

液态法白酒：以谷物、薯类、糖蜜等为主要原料，经液态法发酵蒸馏而得的食用酒精为酒基，再经串香、勾兑而成的白酒

图4-3 白酒根据生产工艺分类

2.真假白酒鉴别方法

真假白酒的鉴别方法如图4-4所示。

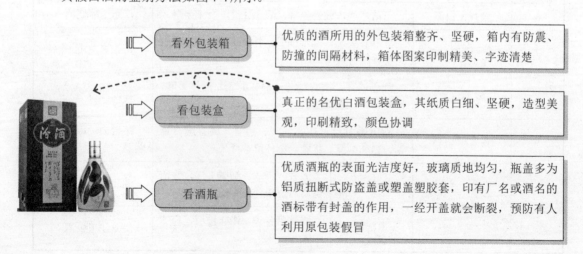

看外包装箱：优质的酒所用的外包装箱整齐、坚硬，箱内有防震、防撞的间隔材料，箱体图案印制精美、字迹清楚

看包装盒：真正的名优白酒包装盒，其纸质白细、坚硬，造型美观，印刷精致，颜色协调

看酒瓶：优质酒瓶的表面光洁度好，玻璃质地均匀，瓶盖多为铝质扭断式防盗盖或塑盖塑胶套，印有厂名或酒名的酒标带有封盖的作用，一经开盖就会断裂，预防有人利用原包装假冒

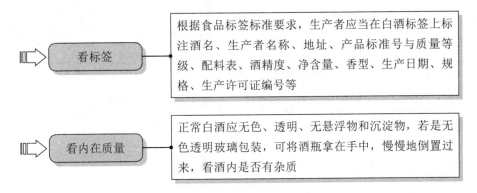

图4-4 真假白酒鉴别方法

3.签订合作协议

当餐饮企业选到合适的白酒供应商之后,就需要与其签订合作协议,以保障双方的合法权益。下面提供一份白酒销售合作协议书范本,供读者参考。

【范本】

白酒销售合作协议书

甲方:＿＿＿＿＿＿＿＿＿＿＿＿＿＿＿＿
乙方:＿＿＿＿＿＿＿＿＿＿＿＿＿＿＿＿

甲乙双方经友好协商,就品牌白酒在乙方店内的销售和陈列事宜达成如下协议。

(1)乙方同意现款购买本品牌白酒××件,并同意每天将其陈列于店内柜台(或货架),陈列酒须整齐显眼,并保证每款酒至少陈列五瓶。

(2)乙方遵守甲方制定的统一销售价格体系。具体见下表。

白酒销售价格表

品名	规格	终端供货价	建议零售价	盒盖兑奖
××	1×4	××/箱	××/瓶	
××	1×4	××/箱	××/瓶	

(3)陈列时间为三个月(陈列数量及标准参见第一条),自＿＿＿年＿＿月＿＿日至＿＿＿年＿＿月＿＿日。陈列期间乙方须积极推销,卖一瓶补一瓶,卖一箱补一箱。

(4)若乙方执行以上条款,甲方即兑现现金奖励(或同等价值的白酒);若乙方未按陈列标准陈列或陈列时间不足三个月,甲方均有权收回给予乙方的相关奖励。本协议规定的具体奖励是＿＿＿＿＿＿＿＿＿＿＿＿＿＿＿＿＿＿＿＿＿＿。

(5)乙方现款购买,甲方当场奖励。

(6)本协议有效期为＿＿＿年＿＿月＿＿日至＿＿＿年＿＿月＿＿日,一式两份,自签订之日起执行。未尽事宜由双方协商解决。

甲方（章）：_____　　　乙方（章）：_____

代表：_____　　　　　　代表：_____

电话：_____　　　　　　电话：_____

日期：___年___月___日　　　　　　日期：___年___月___日

酒水二：啤酒采购

啤酒是以大麦芽（包括特种麦芽）为主要原料，加酒花后经酵母发酵酿制而成的低酒精度（2.5%～7.5%）的各类熟鲜酒。

1.啤酒分类

按不同的分类标准，啤酒可分为不同的类型，具体分类如下。

（1）发酵类型。啤酒按发酵类型可分为两类，具体如图4-5所示。

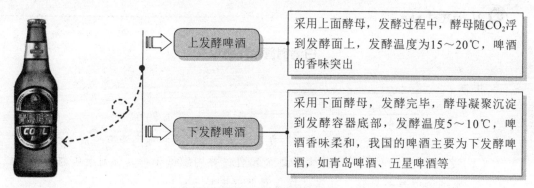

上发酵啤酒——采用上面酵母，发酵过程中，酵母随CO_2浮到发酵面上，发酵温度为15～20℃，啤酒的香味突出

下发酵啤酒——采用下面酵母，发酵完毕，酵母凝聚沉淀到发酵容器底部，发酵温度5～10℃，啤酒香味柔和，我国的啤酒主要为下发酵啤酒，如青岛啤酒、五星啤酒等

图4-5　啤酒按发酵类型分类

（2）色泽。啤酒根据其色泽可分为以下3类，具体如图4-6所示。

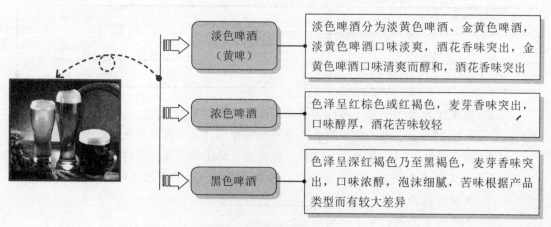

淡色啤酒（黄啤）——淡色啤酒分为淡黄色啤酒、金黄色啤酒，淡黄色啤酒口味淡爽，酒花香味突出，金黄色啤酒口味清爽而醇和，酒花香味突出

浓色啤酒——色泽呈红棕色或红褐色，麦芽香味突出，口味醇厚，酒花苦味较轻

黑色啤酒——色泽呈深红褐色乃至黑褐色，麦芽香味突出、口味浓醇，泡沫细腻，苦味根据产品类型而有较大差异

图4-6　按啤酒色泽分类

（3）杀菌处理情况。啤酒按杀菌处理情况可分为两种，具体如图4-7所示。

图4-7　啤酒按杀菌处理情况分类

2.啤酒选购步骤

餐饮企业采购员在采购啤酒时，应尽量选购品牌知名度较高的企业生产的产品，留意玻璃瓶啤酒是否有"防止爆瓶"警示标志。不要购买使用捆扎包装或非B字标记玻璃瓶包装的啤酒，以免发生玻璃瓶爆炸事故，危及人身安全。啤酒的选购步骤如图4-8所示。

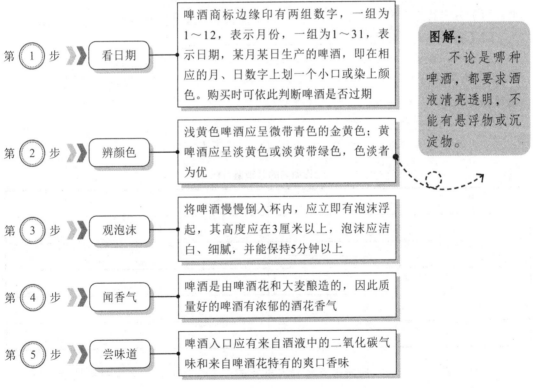

图4-8　啤酒的选购步骤

3.签订销售合同

当餐饮企业选到合适的啤酒供应商之后，就需要与其签订合作合同，以保障双方的合法权益。下面提供一份啤酒销售合同范本，供读者参考。

【范本】

啤酒销售合同

甲方：_____

乙方：_____

甲方和乙方在平等互利的基础上，经过友好协商签订以下合同。本合同是甲、乙双方的供销业务总体合同，双方同意本合同适用于甲、乙双方的所有啤酒供销业务程序，除非双方另有约定。

第一条　价格

（1）甲方向乙方提供的产品种类、供货价格与销售指导价，以甲方提供的（加盖甲方公章的）价目表为准，价目表作为本合同的组成附件。

（2）甲方商品的供货价格发生变化需要改报价时，应提前七个工作日以书面形式（须加盖甲方公章）通知乙方，并确认乙方能收到此通知。

（3）乙方须按甲方提供的销售指导价进行销售。

第二条　双方的权利与义务

（1）为支持乙方销售甲方产品，甲方向乙方提供产品宣传费用：_____。

（2）支付形式及时间：_____。

作为甲方取得乙方全部场所内所有啤酒产品配送权的条件（包括××啤酒新推广产品），合作期内甲方不再向乙方提供任何费用（包括店庆费、节假赞助费、促销费等杂项费用）。

（3）合同有效期：____年____月____日至____年____月____日。

乙方保证在合作期内完成以下总销量目标，见下表。

合作期内的总销量目标

品种	价格	销量	返利金额
合计			

乙方承诺，若在合同期内因各种原因未完成以上销量目标，合同将延期至完成为止。如乙方销售其他品牌啤酒，必须经甲方同意后才可销售，但不记入合同总量中。

甲方如有新品上市，乙方须积极配合，并经过甲方同意后可以计入合同总销量中。

（4）如乙方在合同期内因装修及其他不可抗拒因素需停业，乙方将延期相应停业时间以补偿甲方合同时间。如乙方因转让或其他非违约原因终止本合同，甲方按实际合作时间（或实际销售量）向乙方支付产品宣传费用，剩余产品宣传费用乙方全部退还给甲方。

（5）乙方保证在合同期内不再从除甲方以外的任何组织、渠道、自然人处购入或者获取任何啤酒产品（包括赠送），乙方保证在合同期内不在经营场所内举行除××啤酒以外任何啤酒产品的促销活动或形象展示，形式包括但不限于以下5种。

——针对厨房用酒、宴请、婚宴、生日宴、满月宴、聚会等类似形式的赠送啤酒活动。

——任何宣传性质的啤酒产品、促销品的陈列活动。

——针对服务员的开瓶奖励活动。

——乙方对服务员下达的啤酒销售任务。

——任何形式的人员促销（包括所有啤酒品牌）和隐性促销。

（6）甲方提供给乙方展示柜、卧柜属租用，使用权属乙方，所有权属甲方，如双方终止合作，乙方须无条件退还冰柜给甲方；甲方提供给乙方的冰柜只能用于××啤酒的陈列。

（7）乙方保证××啤酒系列销量占乙方经营场所内啤酒产品总销量的_____%，乙方承诺甲方提供的××啤酒系列仅在乙方经营场所内销售。

（8）乙方及乙方所有工作人员把××啤酒作为第一推荐品牌，并配合甲方业务员随时查核乙方啤酒销量。

第三条　结算时间及支付方式

（1）凭乙方开出的收货凭证或其他相关票据，甲方到乙方财务部进行结账。

（2）本合同双方同意采用下述的结账方式进行结账。乙方支付甲方货款的方式：_____。

第四条　订货及配送

（1）乙方需提前____个工作日，以书面或口头告知的方式表明所订购商品的名称、规格、数量、价格、交货时间等，如未按规定提前通知并确认甲方获知，由此造成供货中断及相应的责任及损失，甲方概不承担。

（2）甲方负责将产品配送到乙方指定的目的地，乙方有义务协助甲方做好配送工作，尽量给予方便。

第五条　验收

（1）甲方严格按照乙方订货要求送货，如不符合乙方配送要求，乙方有权要求重新配送或退货。

（2）产品送达后，乙方需采取抽样验收，如无异议，乙方不得无故拒收。

第六条　促销

（1）乙方应积极支持甲方开展相应的促销活动，同时支持甲方部分产品的"有奖销售"活动。

（2）未经甲方许可，乙方不得擅自用甲方产品做买赠活动，否则乙方承担相应的违约责任。

第七条 退、换货及客诉处理

（1）如发生以下情况，甲方无条件退、换货。

——未按乙方订货要求配送。

——甲方送货后，乙方在验收中发现破瓶或杂质。

——乙方在销售过程中，发现酒中有杂质或其他异物。

（2）如发生以下情况，甲方不负责退、换货。

——乙方在销售过程中，因搬运、移动造成破损。

——因乙方未执行先进先出的原则，造成产品过期。

（3）如因质量问题出现争议，双方应本着友好协商的原则进行处理。无法认定责任时，应由国家正规检测机构检测仲裁。

（4）如确认因甲方供应的啤酒出现质量问题使乙方造成经济损失，则由甲方赔偿乙方损失。

第八条 违约责任

如因乙方违约原因导致本合同终止［本合同第二条第（4）款除外］，乙方须在七日内向甲方结清全部货款，退回甲方的全部产品宣传费用，同时乙方应承担_____元违约金，并于_____天内向甲方付清。

第九条 其他

本合同一式两份，双方各执一份，未尽事宜以有关法律为准或经甲乙双方协商解决；本合同自双方签字盖章之日起生效。

甲方法人（章）：_____　　乙方法人（章）：_____
甲方地址：_____　　乙方地址：_____
甲方代表：_____　　乙方代表：_____
联系电话：_____　　联系电话：_____
签约日期：____年___月___日　　签约日期：____年___月___日

酒水三：葡萄酒采购

1. 认识葡萄酒酒标

每瓶葡萄酒都会有一到两个标签，贴在葡萄酒正面的称为正标，进口的葡萄酒酒瓶后还有一个标签，称为背标。背标主要是介绍该葡萄酒及酒庄背景，以及按照我国进口规定需要标注的中文信息，包括葡萄酒名称、进口或代理商、保质期、酒精含量、糖分含量等。如图4-9所示。

图4-9 葡萄酒

> **小提示**
>
> 葡萄酒背标通常是补充信息，关键和主要的信息来自于正标。各个葡萄酒生产国对于酒标的标注和设计都会有具体而严格的要求。

虽然酒标的样式各有不同，但酒标表达信息的风格可归纳为两个体系：一个是以法国、意大利为代表的旧世界；另一个是以美国、澳洲为代表的新世界。下面列出新旧世界不同葡萄酒标签，逐个解读酒标上主要信息含义，具体见表4-2。

表4-2　葡萄酒酒标的主要信息含义

序号	信息类别	信息含义
1	酒庄或酒厂	在法国，常见以Chateau或Domaine开头；在新世界，多指葡萄酒厂或公司，或是注册商标
2	原产地	即葡萄酒的产区，多数旧世界有严格法律规定和制度，如法国以AOC、意大利以DOC形式标明，香槟的原产地（AOC）就是以Champagne字样出现；新世界一般直接标明产地、子产地，有些还标明出产葡萄园，如加州产地（California）、芳德酒园（Founder's Estate）等字样
3	年份	葡萄收获的年份，对于香槟来说，代表某一香槟品牌风格的常是无年份NV香槟
4	葡萄品种	葡萄酒酿制所用的葡萄品种，新世界葡萄酒酒标上多标有品种；旧世界原产地制度把葡萄品种隐含定义在产地信息里，除了法国阿尔萨斯和德国，酒标上基本不标品种
5	装瓶信息	注明葡萄酒在哪或由谁装瓶，一般有酒厂、酒庄、批发商装瓶等，对于香槟来说，有酒商联合体（NM，绝大多数）、种植者（RM）、合作社（CM）等
6	糖分信息	香槟和起泡酒一般会标注出该信息，表示酒的含糖量，包括ExtraBrut（绝干）、Brut（干）、ExtraDry（半干）、Sec（微甜）、Demi-Sec（半甜）、Doux（甜）
7	其他信息	根据各国法律要求标注的其他基本信息，包括酒精度、容量、生产国家等
8	成熟度	在德国QMP级别葡萄酒酒标上会有这个信息，共有六个级别，Kabinett、Spatlese、Auslese、Beerenauslese（BA）、Trockenbeerenauslesen（TBA）和Eiswein，除冰酒外，前五个级别的成熟度依次升高

2.葡萄酒采购步骤

葡萄酒的采购步骤如图4-10所示。

> **图解：**
> 如果一种红葡萄酒标明含有葡萄全汁、白砂糖、山梨酸钾，那无疑就是半汁葡萄酒

第一步　看标志

区别原汁葡萄酒和半汁葡萄酒，全汁葡萄酒如果添加了白砂糖，酒精度就会提高，更不能添加山梨酸钾，因为山梨酸钾是防腐剂，会破坏葡萄酒成分

第二步　看外观

（1）优质的葡萄酒外观澄亮透明、有光泽，颜色与酒的名称相符，色泽自然、悦目，香气浓郁、令人愉快，口感柔和，酒体丰满完整，余味绵长
（2）劣质的葡萄酒混浊无光，颜色与酒名不符，没有自然感，色泽艳丽，有明显人工色素感，有强烈水果香和酒精味突出，有其他异味或者异香突出，酒体单薄，没有后味

图4-10　葡萄酒采购步骤

3.签订供货合同

当餐饮企业选到合适的葡萄酒供应商之后,就需要与其签订合作合同,以此保障双方的合法权益。下面提供一份供货合同范本,供读者参考。

【范本】

葡萄酒供货合同

购买方:_____(以下简称甲方)
供货方:_____(以下简称乙方)

甲乙双方本着"共同发展,诚实守信,互惠互利"的原则,经共同协商后达成如下协议。

一、双方责任

(一)甲方责任

(1)甲方应把乙方所有的产品摆在柜台上进行展示。

(2)甲方每月必须向乙方业务员提供准确、真实的销售情况。

(3)按照双方协商的结算方式在合同期内结算货款。

(4)甲方在合同期内,不得销售其他同类品牌酒水。

(二)乙方责任

(1)乙方提供的所有产品必须符合国家有关部门的质量要求,否则一切后果由乙方负责。如果出现质量问题,乙方无条件退货或换货。

(2)在甲方订货后,乙方必须在_____小时内按所需产品的规格、数量及时将其送到甲方所指定的目的地,如有特殊情况甲乙双方另行约定。

(3)乙方给甲方的产品价格如有调整(调升),乙方须提前一周向甲方声明。

(4)乙方负责送货到甲方指定的地点_____,并承担运输费用。

二、供货品种及价格(含税价)

(1)_____(_____毫升×24瓶/件):_____元。
(2)_____(_____毫升×24瓶/件):_____元。
(3)_____(_____毫升×12瓶/件):_____元。
(4)_____(_____毫升×12瓶/件):_____元。

在本合同有效期内,如乙方调整产品价格,应提前一周及时通知甲方,双方均按调整之日起的新价格执行。

三、货款结算方式

(1)按照甲乙双方认可的报价单价格订货后,第一批货送到甲方指定的地点,并经甲方指定人员凭乙方出库单对账入库。

(2)双方协商的结算方式为实销实结(不包括首批进货),甲方按照当月送货单与乙方财务部对账,双方确认无误、乙方提供有效的发货票后,甲方在次月____日前结清上月货款，若遇节假日顺延。

（3）甲乙双方对账依据为乙方每次送货出具的销售单据，该销售单据上必须有甲方指定人员的签收凭证。

（4）双方合作终止后，乙方按首批到货对账单向甲方收回免费提供的货品，若有差额，甲方在十日内按订货价格向乙方支付差额。

（5）甲方必须按时结算货款，不得延迟。本合同结束之日，甲方应结清所欠乙方所有货款。

四、损耗残次品处理

（1）乙方送货到甲方指定地点，甲方应及时以乙方开出的出库单为凭据对账，如出现破损，由乙方负责调换。

（2）甲方应在酒水到保质期前的三个月内向乙方办理退、换货。

五、违约责任

未经甲乙双方同意，任何一方无权中止本合同，如有违约，履约方有权向违约方索赔损失。甲方违反合同，应向乙方支付违约金_____元；乙方违反合同，除结清所欠货款外，并向甲方支付违约金_____元。

六、合同期限

本合同期限为_____年____月____日至_____年____月____日，有效期届满，双方本着真诚合作的态度及供需平衡的情况再行签订新合同。

七、合同纠纷的解决方式

本合同未尽事宜，由甲乙双方协议解决，协议不成，双方同意向乙方所在地的人民法院起诉。

八、其他

（1）甲方必须对乙方的供货价格保密。

（2）乙方有义务向甲方提供有关产品资料。

（3）本合同一式两份，甲、乙双方各执一份备查，本合同经甲、乙双方签字盖章后生效。

乙方：_____　　　甲方：_____
（盖章）_____　　　（盖章）_____
授权代表签字：_____　　授权代表签字：_____
日期：____年___月___日　　　日期：____年___月___日

酒水四：饮料采购

1.饮料采购流程

饮料的采购流程如图4-11所示。

图4-11 饮料采购流程

2. 饮料选购标准

（1）软包装饮料应没有胀气现象，瓶装或罐装饮料的瓶口、瓶身不得有糖渍和污物，软包装饮料手捏不变形，瓶盖、罐身等不得凸起。

（2）商标内容完整，品名、厂名、厂址、容量、主要成分、生产日期和保存期限等应清晰可见。

（3）果汁原汁、果汁饮料、果汁汽水应与新鲜水果色泽相似。如果饮料出现异常色泽，如橘子水带棕灰色、铁锈色或泥土色，说明可能已经变质或污染，就不能饮用。如果购买饮料时发现其颜色过于鲜艳，可能是添加过重色素所致，也不能购买。

> **小提示**
>
> 根据标签上标注的原果汁含量判断饮料和其名称是否一致。

（4）饮料应香气柔和，无刺鼻感。

（5）各种饮料应酸甜适宜，不应有异味。如果出现苦味、涩味、酒味（含酒精饮料除外）等异味时，表示已变质。

（6）正常碳酸饮料和果味饮料液汁应清澈透明，无杂质、不混浊、无沉淀。果汁饮料因加入了果汁和乳浊香精，可能有一定浑浊度，但应均匀一致不分层，无悬浮物和沉淀物。果汁原汁只允许有少量果肉沉淀。

3. 果汁饮料选购

果汁饮料是指以新鲜或冷藏水果为原料，经加工制成的饮料制品，可分为原果汁、浓缩果汁、原果浆、水果汁、果肉果汁、高糖果汁、果粒果汁等。

（1）原果汁通常采用冷冻原果汁再分装或用浓缩果汁加水复原成100%果汁制成。100%果汁一般为水分较多的鲜果品种。如图4-12所示。

（2）浓缩果汁是在原果汁基础上浓缩，去掉原水分制得的。如把原果汁浓缩4倍制得的浓缩果汁，饮用时再加4倍水就是100%果汁。如图4-13所示。

图4-12 原果汁

（3）原果浆是把水果可食部分打浆，保留果肉制成的，如芒果原浆、香蕉原浆、杏原浆等。

> **小提示**
>
> 原果浆通常作为饮料的加工原料。

（4）水果汁、果肉果汁是指针对芒果、山楂等不能制成100%原果汁的果品，为最大限度地反映其饮料特征，把原果汁浓度调整到40%左右，同时添加一定量的香精和糖而制成的饮料。

酒水五：确认酒水采购单

楼面、仓库共同对楼面陈列酒水及仓库酒水进行盘点后，就可以确定酒水采购数量。一般酒水采购单是由仓库开出，然后由采购员进行采购，具体见表4-3。

图4-13　浓缩果汁

表4-3　酒水采购单

类别	品名	单位	单价	采购数量	金额	日期
啤酒类						
红酒类						
白酒类						
饮料类						

第二节　餐饮企业其他物资采购

物资一：家具采购

1. 餐椅种类

餐饮企业餐椅的种类与风格应该根据餐饮企业的整体环境氛围而定，使餐椅的用材、造型、色彩及图案装饰都与餐饮企业整体风格保持和谐，并在注重功能的前提下体现装饰效果。餐椅按制作材料分有木制椅、竹制椅、藤制椅、皮制椅、布制椅、弹簧椅、塑料椅、石椅、陶瓷制椅、金属制椅等。

其中木制餐椅的种类很多，应用也最广泛，如图4-14所示，较名贵的有檀木、红木、柚木、核桃木等；藤制餐椅的优点为质地坚韧、色泽淡雅、造型多曲线；竹制餐椅的优点为简单凉爽；金属制餐椅给人的感觉是精巧流畅，餐饮企业常采用金属管的折椅；石椅与陶瓷制椅则带给人以古朴典雅的感觉。

图4-14　木制桌椅

2.餐椅高度

餐椅的正常高度在42厘米左右，椅背高度在72～76厘米，并且与餐桌高度有相应的比例。座位设置应该按照餐厅面积大小及座位的占地空间而定，使有限的面积最大限度地发挥其使用价值。如图4-15所示。

图4-15　餐椅高度

3.餐桌面积

经营正餐的餐饮企业餐桌面积指标相应较大，经营面点小吃的餐饮企业餐桌面积指标相应较小；餐饮企业等级越高，供菜及对服务方式的要求就越高，餐桌面积指标也越大；餐饮企业大，则餐桌面积指标相对较低，餐饮企业小，则餐桌面积指标相对提高。

不同的餐桌形式对应的餐桌面积指标见表4-4。

表4-4 餐桌面积指标

序号	餐桌构成	座位形式	平方米/人
1	正方形桌	平行（2座）	1.7～2.0
		平行（4座）	1.3～1.7
		对角（4座）	1.0～1.2
2	长方形桌	平行（4座）	1.3～1.5
		平行（6座）	1.0～1.3
		平行（8座）	0.9～1.1
3	圆桌	圆桌（4座）	0.9～1.4
		圆桌（8座）	0.9～1.2
4	车厢桌	相对（4座）	0.7～1.0
5	长方形桌（自助餐）	相对（4座）	1.3～1.5
		相对（6座）	1.0～1.2
		相对（8座）	0.9～1.0

4.签订订购合同

餐饮企业在与家具供应商商洽好之后，就需要签订订购合同。以下提供一份家具订购合同范本，供读者参考。

【范本】

××餐饮企业家具订购合同

甲方：_____（需方）

乙方：_____（供方）

一、总则

（1）甲方因经营需要，面向社会公开采购家具产品。

（2）乙方属独资餐饮企业办公家具生产企业，有专业的家具生产和设计能力，现乙方已正式与甲方签订订购合同，并对产品质量和售后服务做出郑重承诺。

（3）合同金额为_____元（大写：人民币_____元整）。产品详见附件。

二、付款方式及期限

_____。

三、检验、验收及交货

（1）成品的验收标准为：_____。

（2）半成品检验、成品验收以及产品交付均在乙方所在地进行。

（3）乙方于_____年_____月_____日起开始生产，_____天内交货。乙方通知甲方清点数量，两天内甲方如不回复，即算全部产品到位。

（4）交货期届满后，甲方未按时提货超出20天，乙方可代甲方保管，保管费按合同约定收取。

四、运输、搬运、安装

（1）乙方负责运输和安装。

（2）甲方应提前清理好安装场地（场地须平整），以便乙方送货后及时安装。

（3）甲方在验收后签署安装验收手续，该手续具有法律效力。

五、违约责任

甲方若逾期支付本合同约定的款项，应按付款额每日_____%的比例向乙方支付违约金，直至实际支付完毕之日。

（1）若逾期交货，甲方按相应产品价款____%的比例每日向乙方收取违约金，直至交货之日。

（2）在甲方货款、违约金或其他相应款项未付清之前，乙方有权扣发或收回甲方订购的相应价值的产品。经乙方催收之日起三日内仍未支付的，乙方对该产品可自行处理，责任由甲方承担。

六、合同变更

（1）本合同签订后，任何一方不得擅自变更合同，合同变更需双方共同确认后方才有效。

（2）因甲方擅自变更合同而造成乙方在材料或劳务费用等方面出现损失，甲方承担相应责任。

（3）产品变更或其他说明必须以书面形式出具，并加盖公章或由经办人签字，与合同具有同等法律效力。

七、质量保修

（1）乙方对所交付的产品提供为期_____保修，产品在保修期内发生一般质量问题，乙方负责维修，发生重大质量问题，乙方可以更换。

（2）产品的保修限于因正常使用而出现的质量问题，一切非正常使用、维修、保养、运输等人为因素造成的损坏或因不可抗力造成的损坏，不属保修范围，但若甲方支付材料费、人工费，乙方可以及时维修。

八、附则

（1）本合同正文____页，附图____页，共____页。合同一式两份，甲乙双方各执一份，经双方签字盖章后生效。

（2）本合同未尽事宜双方可以另行补充，补充协议与本合同具有同等法律效力。

（3）因执行本合同产生争议时，双方可友好协商解决，协商解决不成时，向当地法院提起诉讼。

九、附件

（略）。

甲方（盖章）：_____　　乙方（盖章）：_____
甲方代表人（签字）：_____　　乙方代表人（签字）：_____
电话：_____　　电话：_____
传真：_____　　传真：_____
　　　_____年____月____日　　　　　　　　　_____年____月____日

物资二：餐具采购

1. 购买程序

餐具费用支出是餐饮企业经营的既定成本。为合理购买餐具，提高餐具的使用价值，餐饮企业应规范购买餐具的程序。

（1）使用部门下单，仓库根据部门下单数量填写申购单并传真至采购部，采购部接收申购单后在固定时间内完成餐具价格调查工作，然后进行采购安排，最后采购完成后由仓库入库，餐饮部经理和厨师长验收确认。

（2）在进行新品研发需要购买餐具时，厨师长依据新菜研发方向，结合公司研发部要求，由研发部人员、餐饮部经理等商议确定时间后，共同到餐具市场进行餐具的挑选和确认，并购买试菜餐具。在试菜完成需要批量购买时，再下单采购。

2. 注意事项

（1）申购单要明确标注餐具的型号、样式及价格，并由总经理和厨师长签字确认，同时将样品送至采购部。申购单见表4-5。

表4-5　餐具申购单

序号	品名及规格	单位	数量	单价	金额	备注

（2）采购部在接收到餐具申购单后，如申购餐具为原店内使用餐具，参照原有价格安排购买即可。如果申购的是新餐具，则在两天内完成新餐具价格调查工作，并标注不同批量时餐具价格浮动范围，确认价格后安排购买。

3. 采购标准

目前，市场上的餐具品类繁多，按材质大致可分为陶瓷制品、骨瓷制品、强化琉璃瓷制品、强化瓷制品、白瓷制品、水晶制品、玻璃制品、塑料制品、不锈钢制品等。下面重点介绍3类常见餐具的采购标准，具体如图4-16所示。

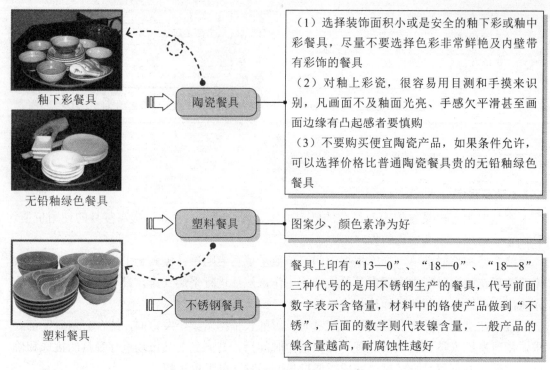

图4-16 常见餐具采购标准

4.签订购销合同

餐饮企业在购买餐具时要与供应商签订购销合同,以保障双方的合法权益。下面提供一份餐具购销合同范本,供读者参考。

【范本】

××餐饮企业餐具购销合同

合同编号:_____

甲方:_____(需方)
乙方:_____(供方)
签约日期:____年___月___日

为保障甲、乙双方合法权益,在平等互利的基础上,经双方协商一致,××餐饮企业(以下简称甲方)与××餐具经销商(以下简称乙方)就餐具购销事宜达成如下协议。

一、产品名称及清单

(略)。

二、合同总金额

本合同总金额为人民币(大写)_____元整(含税费、运杂费、保险费及其他相关费用等），以后购买按报价的_____折结算。

三、付款方式
（1）乙方将样品送交甲方封存后，甲方向乙方支付合同总额30%的货款。
（2）货到甲方，经验收合格后，甲方在七个工作日内向乙方支付合同总金额70%的货款。

四、交货方式
（1）交货日期：_____年____月____日。
（2）交货地点：××餐饮企业指定地点或各个部门管辖区域。
（3）一般产品用纸箱包装，特殊产品用木箱包装。

五、验收标准
（1）该批货物均按国家技术标准验收，应随货备有合格证、原产地证明、质保书、装箱单等证明文件。
（2）乙方按照甲方要求，分品种提供样品交甲方封存，收货时以封存样品核对验收。

六、包装要求
该批货物均按国家包装标准，费用由乙方承担。

七、服务承诺
（1）全部货物送交甲方验收，如发现有破损、变形等质量问题，乙方负责无条件更换。
（2）乙方应备好一定数量相同品牌、规格、型号的货物库存，以备甲方补货。

八、违约责任
（1）逾期交货：因乙方原因不能按期交货，每延期一天，乙方按合同货款总值1%的标准支付违约金。
（2）逾期付款：若甲方无正当理由延期付款，需向乙方支付违约金，每延期一周付款，则按合同货款总值1%的标准支付罚金。
（3）如因乙方原因影响甲方正常营业，一切责任由乙方承担。

九、毁约处理
甲、乙双方签订《购销合同》后，若任何一方单方面撕毁合同，则毁约方应按合同总金额50%的标准赔偿受损方，自然灾害或战争等不可抗力因素导致的毁约除外。

十、附则
（1）本合同一式两份，经双方签字盖章后生效，甲、乙双方各执一份。
（2）一切由于执行本合同引起的或与本合同有关的争执，甲、乙双方应友好协商解决，如不能协商解决，应提交餐饮企业所在地人民法院进行裁决。

甲方：_____　　乙方：_____
法定代表人：_____　　法定代表人：_____
委托代理人：_____　　委托代理人：_____
电话：_____　　电话：_____

传真：_____　　　传真：_____
公司名称（公章）：_____　　公司名称（公章）：_____
公司地址：_____　　公司地址：_____

物资三：厨房设备采购

1. 厨房设备分类

厨房设备分类如图4-17所示。

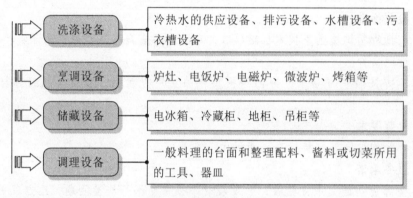

图4-17　厨房设备分类

2. 选购厨房设备原则

餐饮企业在选购厨房设备时需要注意以下4点。

（1）干净卫生。餐饮企业的一切设备都必须有抵抗污染或者不易污染的特性，最好没有卫生死角，以防蟑螂、老鼠、蚂蚁等污染到食物。

（2）不易燃烧、不易损坏。厨房里面的任何物体都应该用不燃或者阻燃的材料制作。易燃的物体应该独立摆放。

（3）方便、顺手。厨房内人员走动频繁，所以厨房设备的摆放设计要符合一般烹调流程。灶台的高度和柜子摆放位置都能影响到员工的工作效率和舒适度，所以要选择符合人体工程学的灶台和厨房设备。

（4）美观。厨房环境会影响员工的工作心情，甚至食物质量，而且不少餐饮企业经常举行厨房的参观活动等，所以厨房设备应选择造型和色彩美观的。如图4-18所示。

图4-18　厨房设备

3. 确定销售商

为了使自己采购的设备、用品价质相符，并得到可靠的售后服务保障，要先对设备、用品的销售商进行调查了解。

调查的重点是看其经营、管理是否规范，品种是否齐全，服务是否热情周到，有无送货上门和调试服务，是否有售后服务等保障和退、换商品处理办法。还可以从发证时间上了解其开业经营时间的长短，从门市中展示的商品品种和数量及店面的布置上了解其实力和管理水平。

4. 确定设备、用品品牌

好的品牌其质量、服务也有相当的保障。当然，名牌产品难免也有假冒，所以应该选择有实力、商誉好的销售商，他们一般不会销售假冒伪劣产品，因为这样会损害他们的声誉。

5. 确定价格

（1）确定产品规格，以保证能正常使用为前提。

（2）选择与本餐饮企业相适应的档次。

（3）最后在此基础上确定质量和价格。

明确销售商所报的价格是否包括送货、装卸、安装、调试等费用，还是另外收费。在确定好需采购的具体设备和用品后，应选择可以供应品种最多的一家销售商，这样可以因采购量大而要求销售商给予一定折扣的优惠。

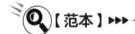

采购设备时单纯追求价格便宜是不恰当的，如果设备质量不过关，可能导致影响营业或重新添置，最终损失会更大。但同样的商品在不同的销售商那里价格不同，这就需要采购时进行对比选择。

6. 签订合同

餐饮企业在与供应商洽谈好价格之后，就可以签订采购合同了。下面提供一份餐饮企业厨房设备采购安装合同范本，供读者参考。

【范本】

××餐饮企业厨房设备采购安装合同

甲方（需方）：_____

乙方（供方）：_____

甲乙双方经协调一致，就厨房设备的购销和安装事宜签订本合同，双方承诺共同遵守下列条款。

一、产品详情

产品的名称、规格、数量、价格见下表。

产品的名称、规格、数量、价格表

序号	产品名称	产品规格	数量	单位	单价	金额/元
1						
2						
3						
合计金额（人民币大写）：						

二、质量要求

（1）厨房设备质量必须达到国家有关行业标准制作要求，并符合厨房设计图纸要求。

（2）乙方负责所有厨房设备的运输、安装和调试工作。

（3）厨房设备安装后，双方验收合格之日作为保修期起始日期，保修期为____年。乙方负责提供售后服务，超过保修期后的维修适当收取材料费及人工费。

三、交货日期

_____年____月____日前，乙方完成所有厨房设备的安装调试工作。

四、验收期限和方法

乙方完成厨房设备的安装调试工作并自检合格后应及时通知甲方，甲方应在____工作日内现场验收。

五、交（提）货方式

由乙方送至甲方指定地点。

六、结算方式

甲方在合同签订后一周内预付合同总价的____%，待所有厨房设备进场后支付合同总价的____%，厨房设备安装调试完成并经验收合格后支付合同总价的____%，保修期满后支付合同总价的____%。

七、违约责任

（1）甲乙双方任何一方违约，应承担违约责任。乙方不能按期交货或甲方中途退货时，向对方偿付不能交货或中途退货部分货物货款总值_____%的违约款，如该违约款不足以抵偿对方损失时，还应支付赔偿金以补偿差额部分。

（2）乙方所提供的厨房设备的名称、型号、数量等必须与售货清单一致，否则应承担由此造成的一切责任。

八、争议解决方式

双方如有争议，应先进行协商解决，不能协商解决时，可向合同签订所在地法院提起诉讼。

九、其他约定事项

（1）厨房设计图纸和售后服务承诺书作为本合同附件，与合同具有同等法律效力。

（2）本合同一式四份，甲乙双方各执两份，经双方签字盖章后生效。

附件：售货清单（略）

甲方（盖章）：_____　　乙方（盖章）：_____

法定（委托）代表人：_____　　法定（委托）代表人：_____

日期：_____年____月____日　　　　日期：_____年____月____日

物资四：员工工作服采购

1. 餐饮企业工作服类别

餐饮企业员工的工作服主要包括管理层工作服和基层员工工作服两种，其中基层员工工作服又分为厨师、服务员、迎宾员、收银员、保安员以及其他岗位的工作服。

2. 采购要点

在采购员工工作服时，应注意以下4个要点。

（1）供应商。餐饮企业应选择有丰富工作服设计、生产经验的供应商，了解该供应商是否有足够的生产实力在规定的时间内交货。

（2）洽商会议。确定合作供应商以后，餐饮企业可与供应商召开洽商会议，就采购要求和目的与供应商进行商讨，并要求供应商以专业水准解答疑问，提交策划、设计与服务方案，并不断修正，力求双方满意。

餐饮企业工作服策划是一个系统工程，务求款式多变、整体协调。双方在讨论方案时需注意3个方面，具体如图4-19所示。

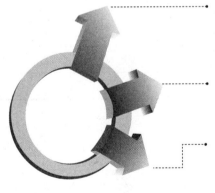

工作服款式应与岗位特点及工作场所相谐调，员工级工作服的面料应具有耐磨、耐洗性

各岗位服装应符合职位要求，如管理层制服应稳重大方等

如供应商修正几次仍不能令餐饮企业满意，餐饮企业应重新评估供应商资质，考虑更换供应商

图4-19　采购工作服的注意事项

（3）工作服尺码。设计方案确定后，工作服尺码的确定与选择是一大难题。餐饮企业员工流动性大，普通员工的工作服不宜量身定做，应根据员工男女比例、年龄段、体型特征以及该地区的衣着习惯等参考因素制作。

在交给供应商生产后,餐饮企业应派人不定时抽查,监督供应商是否按样生产、有无外发第二家生产等,以确保产品质量。

(4)售后服务质量。供应商的售后服务质量也反映了其整体服务水平,餐饮企业除严格检查货品质量外,还应根据本企业特殊情况提出售后服务要求,如服装尺寸修改、纽扣及配件的补给、洗涤保养服务及不合格服装重做等。

3.签订购销合同

在确定供应商之后,餐饮企业需要与其签订购销合同,以保障双方的合法权益。下面提供一份合同范本,供读者参考。

【范本】

××餐饮企业工作服购销合同

甲方(需方):_____

乙方(供方):_____

经甲乙双方友好协商,就工作服购销事宜达成如下协议。

一、销售货品

销售货品明细具体见下表。

销售货品表

货品名称	规格	附件	数量	单价	总价	备注
合计金额(大写):				¥:		

二、交货地点、方式

乙方送货至甲方公司所在地。

三、验收标准、方法

甲方向乙方提供样服,乙方按样加工。如与样品不符,甲方有权拒付余额货款。

四、结算方式

合同签订之日,甲方支付合同款的____%作为预付款,余款在乙方交货时一次付清。

五、交货期限

_____年____月____日。

六、违约责任

按《合同法》执行。

七、约定条款

（略）。

八、附则

此合同一式两份，甲乙双方各执一份，双方签字盖章后即具有法律效力。

甲方：_____　　　　　乙方：_____

地址：_____　　　　　地址：_____

电话：_____　　　　　电话：_____

代表（签字）：_____　代表（签字）：_____

日期：____年___月___日　　　　　日期：____年___月___日

物资五：日常消耗品采购

餐饮企业需要的日常消耗品主要包括餐巾纸、牙签以及清洗剂等。

1. 餐巾纸

（1）在购买餐巾纸时，不必一次购买太多。因为餐巾纸也有保质期，一般纸巾的保质期为三年，一旦过了这个期限便会滋生细菌，对身体健康极为不利。

（2）注意观察纸巾的外包装是否完好，封口是否整齐牢固、有无破损，包装纸上的字迹及图案是否清晰等。

（3）看餐巾纸包装上是否有许可证标志，如果没有则说明该产品未经过卫生检测；看白度是否适中，要选购本色白度的餐巾纸；用手撕一撕餐巾纸，看其是否有一定强度，如果有飞纸毛和掉粉的情况出现，则说明该产品的质量不高。

（4）看一看纸的外观情况。将重叠在一起的双层餐巾纸剥离成单张纸，如果一张餐巾纸2毫米以上的洞眼超过三个，则为不合格产品。

（5）尽量选购知名品牌或合格的品种。

定制及成品餐巾纸如图4-20、图4-21所示。

图4-20　定制餐巾纸

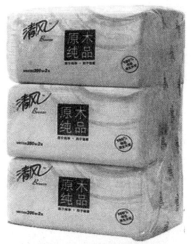

图4-21　成品餐巾纸

2. 牙签

牙签要挑选正规厂家的产品，最好购买市售成品牙签，选择包装较好，有厂名、厂址、卫生许可证号，经过严格消毒的正规厂家的产品。

目前，市场上的牙签主要有木质（竹质）和塑料两种。

（1）木质（竹质）牙签有三个标准：一是有足够的硬度和韧性，避免折断；二是牙签表面应光滑，没有毛刺，以免损伤牙龈；三是横断面应为三角楔形或扁圆形。如图4-22所示。

图4-22 竹牙签

（2）塑料牙签一般设计成匕首形，尖端应圆钝而薄，易进入牙间隙，侧面为粗糙面。

3. 清洗剂

餐饮企业用的清洗剂一般有吸尘剂、空气清新剂、保养剂、除垢剂、洗手液、消毒液、洁厕剂等。

在这里，重点介绍洗洁精的选购方法：首先看标志标签，标签（或瓶身）上应有生产许可证号、生产日期、厂名、厂址、使用说明、执行标准、净含量、保质期等信息；其次是看其外形，液体洗洁精应无异味、不分层、无悬浮物、无沉淀物。如图4-23所示。

图4-23 清洗剂

第五章
采购谈判与供应商管理

☞ 第一节　采购谈判的准备
☞ 第二节　采购谈判的要点
☞ 第三节　供应商管理

第一节 采购谈判的准备

准备一：采购谈判规划

1. 做好谈判预测

（1）尽快取得供应商的协助。供应商对产品的了解通常比买方多，因此采购员最好要求供应商在技术、管理、财务等方面提供协助。

（2）预测好订购量。采购员应收集过去使用量的资料，作为预测订购量的参考，同时，有了过去的详细采购资料，有助于在谈判时得到较大的折扣。

（3）了解特殊重大事件。如能了解有关天气、关税、法令、运输状况等方面的重大事件，将可更准确地预测价格而使自己在谈判桌上居于优势。这些重大事件信息除了从报纸、杂志上收集外，还可从销售人员处得知。

（4）注意价格变动趋势。餐饮企业应注意过去供应商有多少产品项目价格上涨（何时、上涨幅度、通报方式），将供应商的价格上涨模式与该产业的模式进行比较（是否比同业涨得快、涨得多）。

2. 了解谈判信息

信息分为易得到的信息（少花钱及时间）与不易得到的信息（多花钱及时间）。

（1）易得到的信息。餐饮企业易得到的信息见表5-1。

表5-1 易得到的信息分类

序号	种类	信息来源
1	谈判及价格的历史资料	供应商谈判技巧的倾向、供应商处理上次谈判的方式等
2	产品与服务的历史资料	供应商以前所提供产品与服务的各项具体资料
3	稽核结果	从会计或采购稽核那里可发现有待加强控制的地方（比如供应商常发生错误的账款）
4	最高指导原则	企业政策、国家法规和过去的案例
5	供应商的营运状况	供应商的销售状况及竞争能力、供应商的问题与优劣势
6	决策者	收集谈判者的个人资料加以运用（卖方通常较易对陌生人抬高价格）
7	关键原料或关键因素	对非紧要项目，可予退让；对重要项目，紧守谈判原则
8	供应商的信息网络	可从销售人员处得到一些有价值的信息，如价格变动趋势、市场占有率情况、设计变更情况等

（2）不易得到的信息。不易得到的信息主要包括如图5-1所示的内容。

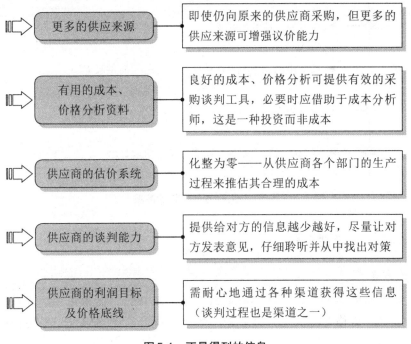

图5-1　不易得到的信息

3. 分析采购现状

采购员在采购前应对采购现状进行分析，具体分析方法如下。

（1）建立报价系统。利用专业成本分析师进行成本分析，借以估算底价。

（2）比价。比价可以分为价格分析和成本分析：价格分析即在成分或规格相同的情况下比较其价格或服务；成本分析即将总成本分为细项，包含人工费用、原料费用、外包费用、制造费用、管理费用以及利润等。

（3）找出决定价格的主要因素。分析决定价格的主要因素是人工、原料抑或是外包，这可作为谈判的依据。

（4）分析价格上涨对供应商的边际利润的影响。供应商的成本虽然上涨（比如由于通货膨胀），但其价格通常不能反映成本的增加（常有灌水现象）。

（5）确定实际与合理的价格是多少。

（6）明确对付价格上涨的最好对策。

4. 分析采购优劣势

采购员必须评估自身有哪些优势和劣势，这样才能够选择适当的谈判策略与方法。采购方占优势的情况有6种，具体如图5-2所示。

图5-2 采购方占优势的情况

准备二：收集采购谈判资料

1. 明确己方需求

明确己方需求就是要在谈判之前弄清楚企业需求什么、需求多少，以及在质量、交期、规格、包装、价格等方面的具体要求。采购员最好能够列出企业采购物料的明细清单，具体见表5-2。

表5-2 采购物料明细表

名称	规格	数量	交货期	包装	价格	质量	运输方式

2. 调查资源市场

在对采购需求进行分析之后，采购员要对资源市场进行调查，从而获取市场上有关物料的供给、需求等信息资料，为采购谈判提供决策依据。市场调查的主要内容见表5-3。

表5-3 市场调查的主要内容

调查项目	调查内容	调查目的
产品供应需求情况	（1）对于该产品来讲，目前市场上是供大于求、供小于求还是供求平衡 （2）了解该产品目前在市场上的潜在需求者，是生产本企业同种产品的市场竞争者还是生产本企业产品替代品的潜在市场竞争者	有助于制定不同的采购谈判方案和策略，如当市场上该产品供大于求时，对于己方来说讨价还价就容易些，供小于求则相反
产品销售情况	（1）该类产品在过去几年的销售量及价格波动情况 （2）该类产品的市场需求程度及潜在的销售量 （3）其他购买者对此类产品的评价及要求	可以使谈判者大体掌握市场容量、销售量，有助于确定未来具体的购进数量
产品竞争情况	（1）生产同种产品所需供应商的数目及其规模 （2）所要采购产品的种类 （3）所需产品是否有合适的替代品 （4）此类产品的市场占有率及未来变动趋势 （5）竞争产品的品质、性能与设计 （6）主要竞争对手所提供的售后服务方式及中间商对这种服务的满意程度	通过产品竞争情况的调查，使谈判者能够掌握谈判对手的弱点，争取以较低的成本费用获得己方所需产品，也能使谈判者预测对方产品的市场竞争力，使自己保持清醒的头脑，在谈判桌上灵活掌握价格弹性
产品分销渠道	（1）各主要供应商采用何种经销路线，当地零售商或制造商是否聘用人员直接推销 （2）各种类型的中间商有无仓储设备 （3）各主要市场地区的批发商与零售商的数量	可以掌握谈判对手的运输、仓储等管理成本的状况，以便在价格谈判时心中有数，针对供应商售后服务的弱点，要求对方在其他方面给予一定的补偿

3. 收集供方信息

（1）对方的资信情况。对方是否具有签订合同的合法资格，对方的资本、信用和履约能力如何。

（2）对方的谈判作风和特点。谈判作风是指谈判者在多次谈判中表现出来的一贯风格。了解谈判对手的谈判作风，可以为预测谈判的发展趋势和制定己方的谈判策略提供重要的依据。

（3）供应商要求的货款支付方式、谈判最后期限等方面的资料。

4. 整理与分析资料

在通过各种渠道收集到以上信息资料以后，采购员还必须对它们进行整理和分析，在整理分析过程中应注意以下事项。

（1）鉴别资料的真实性和可靠性。即去伪存真。在实际工作中，由于各种各样的原因和限制因素，收集到的资料中某些资料比较片面、不完整，有的甚至是虚假、伪造的，因而采购员必须对这些收集到的资料做进一步的整理和甄别。

（2）鉴别资料的相关性和有用性。即去粗取精。在确认资料的真实性和可靠性的基础上，应结合谈判项目的具体内容与实际情况，分析各种因素与该谈判项目的关系，并根据它们对谈判的相关性、重要性和影响程度进行比较分析，依此制定出切实可行的谈判方案。

准备三：制定采购谈判方案

1.确定采购谈判目标

谈判目标指参加谈判的目的，它一般可以分为3个层次：必须达到的目标、中等目标、最高目标，具体如图5-3所示。

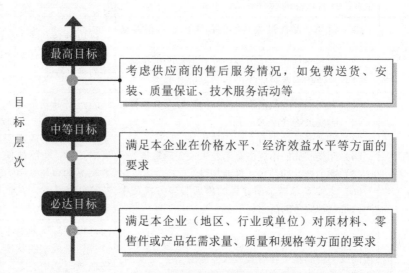

图5-3 采购谈判目标

2.安排采购谈判议程

（1）确定采购谈判主题。要开展谈判，首先就要确定谈判的主题。一般来说，凡是与本次谈判相关的、需要双方展开讨论的问题，都可以作为谈判的议题。采购员可以把它们一一罗列出来，然后根据实际情况确定应重点解决哪些问题。

> **小提示**
>
> 对于采购谈判来讲，最重要的问题就是所采购产品的质量、数量、价格水平、运输等方面。

（2）安排采购谈判时间。安排谈判时间即要确定谈判在何时举行、为期多久。如果是一系列的谈判，需要分阶段进行，还应对各个阶段的谈判时间做出安排。在安排谈判时间时，采购员要考虑3个方面的因素，具体如图5-4所示。

3.制定谈判备选方案

在谈判过程中难免会出现令谈判人员始料不及的事情，从而会影响谈判的进程。因而在谈判前，采购员应对整个谈判过程中双方可能采取的一切行动进行预估，并应依此设计出几个可行的备选方案。

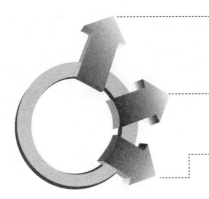

- 准备的充分程度：要注意给谈判人员留有充分的时间来互相探讨、互做介绍、商议谈判议程
- 对方的情况：不要把谈判安排在对对方明显不利的时间进行
- 谈判人员的身体和情绪状况：要避免在谈判人员身体不适、情绪不佳时进行谈判

图5-4　采购员要考虑的因素

小提示

在制定谈判备选方案时，应注明在何种情况下可以使用此备选方案，并写清备选方案的详细内容、操作说明等。

准备四：选择采购谈判队伍

餐饮企业要在对谈判对手和谈判环境等诸因素进行充分分析、研究的基础上，根据谈判的内容、难易程度选择谈判人员，组建高效精悍的谈判队伍。

1. 谈判队伍的组建要点

采购管理人员在组建采购谈判队伍时应注意以下要点。

（1）根据谈判的内容、重要性和难易程度组建谈判队伍。在确定谈判队伍阵容时，应着重考虑谈判主体的大小、谈判的重要性和难易程度等因素，依此来决定派选的人员和人数。具体如图5-5所示。

谈判队伍组建要点
- 较小型的谈判，谈判队伍可由2～3人组成，有时甚至由1人全权负责
- 较复杂且较重要的大型谈判，由于其涉及的内容广泛、专业性强、资料繁多、组织协调的工作量大，所以应配备合适数量的人员

图5-5　谈判队伍组建要点

（2）根据谈判对手的具体情况组建谈判队伍。在对谈判对手的情况有了基本了解后，就可以依据谈判对手的特点和风格来配备谈判人员。一般可以遵循对等原则，即己方谈判

队伍的整体实力与对方谈判队伍的整体实力相同或相近。

2.谈判人员的选择与配备

餐饮企业首先应选择各方面的专业人才,以满足谈判中多学科、多专业的知识需求,取得知识结构上的互补与综合优势;其次应配备相应数量的人员,以群策群力、集思广益,形成集体的进取与抵抗的力量。

3.谈判人员的分工与合作

(1)谈判人员的分工。在确定了具体谈判人员并组成谈判小组之后,就要对内部成员进行分工,从而确定主谈与辅谈。如图5-6所示。

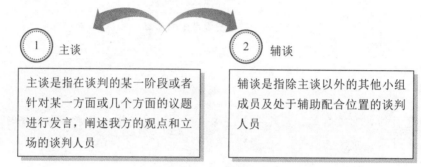

① 主谈	② 辅谈
主谈是指在谈判的某一阶段或者针对某一方面或几个方面的议题进行发言,阐述我方的观点和立场的谈判人员	辅谈是指除主谈以外的其他小组成员及处于辅助配合位置的谈判人员

图5-6 主谈与辅谈

(2)谈判人员的合作。主谈与辅谈人员在谈判过程中并不是各行其是,而是在领导人员的指挥下互相密切配合。

> **小提示**
>
> 谈判过程中,既要根据谈判的内容和个人的专长进行适当的分工,明确个人的职责,又要在谈判中按照既定的方案相继而动、彼此呼应,形成目标一致的有机整体。

准备五:确定谈判地点

谈判地点一般有三种选择:己方所在地、对方所在地、双方之外的第三地。三种地点都有利有弊,具体见表5-4。

表5-4 各种谈判地点的优缺点

谈判地点	优点	缺点
己方所在地	(1)以逸待劳,无需熟悉环境或适应环境 (2)可以根据谈判形式的发展随时调整谈判计划、人员、目标等 (3)可以利用地利之便,通过热心接待对方、关心其谈判期间的生活等方式,显示己方的谈判诚意,创造融洽的谈判氛围,从而促使谈判成功	(1)要承担烦琐的接待工作 (2)谈判可能常常受己方领导的制约,使谈判小组不能独立地开展工作

续表

谈判地点	优点	缺点
对方所在地	（1）不必承担接待工作，可以全心全意地投入到谈判中去 （2）可以顺便实地考察对方的生产经营状况，取得第一手的资料 （3）在遇到敏感性的问题时，可以以资料不全为由而委婉地拒绝答复	（1）要有一个熟悉和适应对方环境的过程 （2）谈判中遇到困难时难以调整自己，容易产生不稳定的情绪，进而影响谈判结果
双方之外的第三地	双方都会感到较为公平、合理，有利于缓和双方的关系	由于双方都远离自己的所在地，因此在谈判准备上会有所欠缺，谈判中难免会产生争论，从而影响谈判的成功率

准备六：明确谈判立场

立场即认识和处理问题时所处的地位和所抱的态度。采购员在谈判时要立场明确，并知晓以下常识。

1. 表示出求"双赢"

在谈判时，要表示出谈判的目的是"双赢"。事实证明，大部分成功的采购谈判都是在和谐的气氛下完成的。站在对方的立场上去说明问题，往往更有说服力。

 案例

谈判中切勿一味地穷追猛打

某餐饮企业采购员薛某去一家供应商采购一批桌椅。该供应商为了与该餐饮企业长期合作，在双方谈判中表示出退让，愿意在供货时提供较大折扣。这一点被薛某发现后，他认为有机可乘。

在谈判中，该供应商表示："我们的目的是与贵公司长期合作。"

薛某："我们公司也愿意，不过要看你们的合作态度。"

供应商："你们可以介绍其他客户给我们，我们仅留2%的利润用来维持公司发展，可以按最低价格给你们供货。"

薛某："我看这样吧，你们价格再降10%。"

供应商："那我们就没有利润了，如何发展呢？"

薛某："这是最低限度，你知道我们公司供应商众多。"

供应商："那就不用谈了，我们再寻找别的合作方吧。"

从案例中可以发现，该餐饮企业采购员薛某的立场出现了严重错误。采购谈判的目的是维持双赢合作，而不是把供应商逼得没有退路。

2. "产品质量"不可让步

在谈判时,采购员应明确供货方的质量保证要求以及质量责任,甚至要求供方提供质量保证依据。在谈判中,采购方决不能靠牺牲质量来换取低价。

> **小提示**
>
> 作为餐饮企业,其采购的食品原料质量直接影响到菜品质量,如果食品原料出现问题,将会得不偿失。

3. 谈判属于组织行为

采购谈判是采购员代表企业同另一企业或者组织的代表实施谈判,采购员的个人素质决定着谈判的效果和成败。如果某个采购员对某家供应商持有成见,很容易导致采购谈判的失败。

第二节 采购谈判的要点

要点一:采购谈判沟通技巧

1. 倾听技巧

采购员在谈判时应掌握以下倾听技巧。

(1)听懂言外之意。采购员在与对方进行沟通时,要倾听对方讲话,不仅要注意听清对方的谈话内容,更要揣摩其想法和目的。

(2)避免情绪化。在谈判沟通中听到不同的意见或不利于自己的言论时,千万别太情绪化,否则会听不进去对方所谈的任何内容,也会给对方留下不好的印象,从而影响谈判的效果。

(3)一心不可二用。在谈判沟通时切忌一心二用,这样会分散注意力,使所听的内容不连贯、不全面,从而会影响谈判的进程。

2. 提问技巧

提问是进行有效口头沟通的关键工具。在谈判的各个阶段,采购员可以有针对性地提出各种类型的问题,具体见表5-5。

表5-5 问题的主要类型

序号	类型	内容	案例
1	开放型问题	不能直接用"是"或"不是"来回答,包括谁、什么、为什么和什么时候等内容	您为什么会那样认为
2	诱导型问题	鼓励对方给出你所希望的答案	您是不是更喜欢×××
3	冷静型问题	感情色彩较低	降价如何影响标准

续表

序号	类型	内容	案例
4	计划型问题	即一方谈判者事先准备好在谈判过程中进行提问	如果我们提出××价格，您会怎么考虑
5	奉承型问题	带有奉承的色彩	您愿意与我们分享您在这方面的知识吗
6	窗口型问题	询问对方的见解	您的看法是什么
7	指示型问题	切中主题	价格是多少
8	检验型问题	询问对方对某一建议的反应	您对此是否有兴趣

3. 说服技巧

谈判时，还需掌握说服的技巧，这样才更容易取得谈判的成功。具体技巧如图5-7所示。

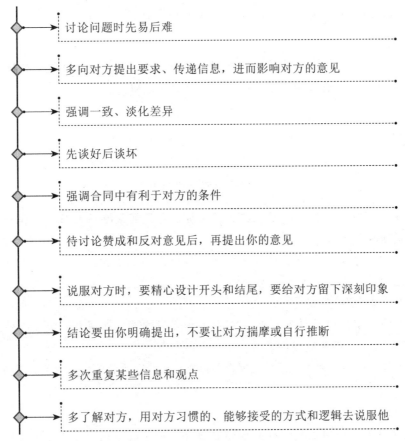

图5-7 说服技巧

4. 答复技巧

答复不是一件容易的事，因为你所回答的每一句话，都会被对方理解为是一种承诺。因此，采购员在答复时应掌握以下技巧。如图5-8所示。

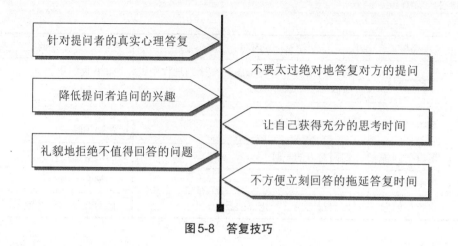

图5-8 答复技巧

要点二：采购谈判禁忌

采购谈判中有些禁忌应该尽量避免，具体内容如下。

1.准备不周

采购员如果缺乏准备，首先无法得到对手的尊重，导致自己在心理上就矮了一截，同时无法知己知彼，从而会漏洞百出，很容易被对方抓住机会。

案例

准备不周的教训

小王是一家餐饮连锁企业新入职的采购员，仓促间被派往参与公司和一家啤酒供应商之间的采购谈判。

在谈判中，该供应商问小王××啤酒的市场价格是多少，小王由于没有经过市场调查，便顺口说了公司规定的一个价格。该供应商便提出疑问："怎么跟上次的价格不一样呢？你不会记错了吧？"

小王装出胸有成竹的样子，说："没错！就是这么多。如果你们愿意合作的话，我们可以再加一点。"供应商随即答应。

合同签署后，小王才发现该供应商在欺诈他，因为上次的价格比这次的价格还要低。

2.缺乏警觉

如果不够警觉，对供应商叙述的情况和某些词汇不够敏感，采购员就无法抓住重点，无法迅速而充分地利用洽谈中出现的有利信息和机会。

3.脾气暴躁

人在生气时往往会做出不明智的决定，进而承担不必要的风险，同时还会给对方留下非常不好的印象，使你在日后的谈判中处于被动地位。

脾气暴躁的后果

某餐饮企业采购经理的脾气非常暴躁,在一次采购谈判陷入僵局的时候,他随手将一个玻璃杯打碎。参加谈判的对方人员回到公司后,便向业界同行说:"××餐饮企业有暴力倾向。"一时间,该餐饮企业的采购业务变得困难起来。为了挽回公司局面,该采购经理只能被迫辞职。

4. 自鸣得意

俗话说,骄兵必败,原因是骄兵很容易过于暴露自己,结果让对手看清了自己的缺点,同时也失去了深入了解对手的机会。

另外,骄傲会令自己做出不尊重对方的言行,激化双方的对立关系,增加不必要的矛盾,最终增大谈判的难度。

5. 过分谦虚

过分谦虚只会产生两个效果:一是让别人认为你缺乏自信、缺乏能力,进而失去对你的尊重;二是让人觉得你太世故、缺乏诚意,从而对你有戒心,并产生不信任的感觉。

6. 不留余地

如果谈判时不留余地,会失去别人对你的尊重,导致后续工作无法正常开展,甚至影响自己的职业生涯。

7. 轻诺寡信

不要为了满足自己的虚荣心而随意承诺,或承诺自己权限内无法做到的事情,这样不但会使个人信誉受损,同时也会影响企业的商誉。要记住:为商信誉为本,无信无以为商。

8. 过分沉默

在采购谈判过程中,过分沉默会令对方很尴尬。有些采购员会认为供应商是有求于自己,因此不太注重对方的感受,导致对方不知所措,最终无法通过充分的沟通了解更多的信息,反而让自己争取不到更好的交易条件。

9. 无精打采

采购员在谈判中要时刻保持旺盛的精力,不要显得无精打采,以免影响对方的谈判热情,因为这可能让自己失去很多的贸易机会。

10. 仓促草率

开展谈判工作前必须制订完善的计划,仓促草率地开始谈判,会被供应商认为对他们不重视,从而无法赢得对方的尊重,并导致谈判失败。

11. 过分紧张

过分紧张是缺乏经验和不够自信的表现,会让供应商觉得遇到了生手,进而抬高谈判的底线，导致无法达成上司为你设定的谈判目标。

12. 贪得无厌

在谈判过程中，聪明的供应商会在合法合理的范围内以各种方式迎合和讨好采购员。遵纪守法、自律廉洁是采购员的基本职业道德，也是发挥业务能力的前提。因此采购员应当重视长期收益而非短期利益，不能在谈判时索贿受贿、贪得无厌。

13. 玩弄权术

不论是处理企业内部还是外部的关系，都应以诚实、客观的处事态度和风格来行事。玩弄权术最终受损失的是自己，因为时间会使真相暴露。

14. 泄露机密

严守商业机密是谈判人员必须具备的一项职业道德。在谈判过程中，谈判人员应时刻保持警觉性，在业务沟通中要避免暴露明确和详细的业务信息。

> **小提示**
>
> 当有事要离开谈判座位时，一定要合上资料、关掉电脑或将资料直接带出谈判室。

要点三：采购员询价技巧

1. 最大限度地公开询价信息

对于金额较大或技术复杂的询价项目，要扩大询价信息的知晓率，保证信息发布的时效性，让供应商有足够的响应时间，询价结果也应及时公布。通过公开信息，从源头上减少"消息迟滞"、"不速之客"等现象的出现。

2. 邀请尽可能多的符合条件的供应商参加询价

询价小组应根据采购需求，从符合相应资格条件的供应商名单中确定三家以上的供应商，力求让更多的符合条件的供应商参加到询价活动中来，以增加询价竞争的激烈程度。

> **小提示**
>
> 可大力推行网上询价、传真报价、电话询价等多种询价方式，让路途较远、不便亲自来现场的供应商也能参加询价。

3. 不得定牌采购

指定品牌询价是询价采购中的最大弊病，并由此带来操控市场价格和货源等一系列连锁反应。因此，在询价采购中应定项目、定配置、定质量、定服务而不定品牌，真正引入品牌竞争，打击陪询串标行为。

4. 不单纯以价格取舍供应商

采购员应根据"符合采购需求，质量和服务相等且报价最低"的原则确定最终供应商,这是确定供应商的基本原则。过低的价格是以牺牲可靠的产品质量和良好的售后服务为条件的,所以无论是采购员还是供应商都应理性地对待价格问题。

要点四:讨价还价技巧

1. 要有弹性

在价格谈判中要讲究弹性。对于采购员来说,切忌漫天还价,也不要一开始就还出最低价。前者让人觉得是在"光天化日下抢劫",而后者却因失去弹性而处于被动,从而使价格谈判陷入僵局。

2. 化零为整

采购员在还价时可以将价格集中起来,化零为整,这样可以让供应商在心理上觉得价格相对昂贵,会比用小数目进行报价获得更好的效果。

如将"千克"改为"吨"、"月"改为"年"、"日"改为"月"、"小时"改为"天"、"秒"改为"小时"等。

3. 过关斩将

所谓"过关斩将",是指采购员应善用上级主管的议价能力。通常供应商不会自动降价,其降价意愿与幅度视议价对象而定。因此,如果采购员对议价的结果不太满意,可请求上级主管和供应商议价。当买方提高议价者的层次,卖方有受到敬重的感觉,可能同意提高降价的幅度。

若采购金额巨大,采购员可请求更高层的主管(如采购经理,甚至公司副总经理或总经理)邀约卖方的业务主管(如业务经理等)面谈,或邀请买方的高层主管与卖方的高层主管直接对话,此举通常效果不错。

4. 压迫降价

所谓压迫降价,是指在买方占优势的情况下,以压迫的方式要求卖方降低价格,并不征询卖方的意见。

此时采购员通常遵照公司的紧急措施,通知供应商自特定日期起降价若干,若原来供应商缺乏配合意愿,即行更换供应来源。当然,此种激烈的降价手段会破坏供需双方的和谐关系,当市场好转时,原来委曲求全的供应商不是"以牙还牙"抬高售价,就是另谋发展,因此供需关系难以维持良久。

5. 敲山震虎

在价格谈判中,巧妙地暗示对方他们面临的危机,可以迫使对方降价。

通过暗示提出不利于对方的因素,从而使对方在价格问题上处于被动,保证自己提出的价格获得认同,这就是该方法的技巧所在。但必须"点到为止",而且要给人一种"雪中送炭"的感觉,让供应商觉得你并非是在幸灾乐祸,而是真心诚意地想合作、想给予他帮助。

6. 欲擒故纵

当买卖双方势力均衡时,采购员应该设法掩藏自己的购买意愿,不要明显表露非买不可的心态。若被供应商发现这个机会,采购员将陷入被动地位。

所以,此时采购员应采取"若即若离"的姿态,从试探性的询价着手,若能判断供应商有强烈的销售意愿,再要求更低的价格,并作出不答应即行放弃或另行寻求其他来源的姿态。

7. 差额均摊

如果买卖双方的议价结果存在着差距,且双方各不相让,则交易就可能会告吹:采购员无法取得必需的商品,供应商丧失了获取利润的机会。因此,为了促使交易成功,最好的方式就是采取"中庸"之道,即双方各承担议价差额的一半。

8. 迂回战术

在供应商占优势时,正面议价通常效果不好,此时应采取迂回战术。

迂回中求生存

某餐饮企业在某品牌食用油的本地总代理处购入食用油后,发现其价格竟比同业某公司的购入价贵。因此企业总经理要求总代理说明原委,并降低售价。未料总代理未能解释其中道理,也不愿意降价。因此,该企业采购员就在食用油产地购入该食用油,再转运至公司。因为总代理的利润偏高,此种转运安排虽然导致费用增加,但总成本还是比通过总代理购入低很多。

当然,此种迂回战术是否成功取决于运转工作是否可行。如果有些生产厂限制货品越区销售,则执行迂回战术就比较困难。

9. 直捣黄龙

有些单一来源产品的总代理商对采购员的议价要求置之不理,一副"姜太公钓鱼,愿者上钩"的姿态,使采购员有被侮辱的感觉。此时,不妨绕过总代理商,寻求原制造商直接合作。

10. 哀兵姿态

在处于劣势的情况下,采购员应以"哀兵"姿态争取供应商的同情与支持。由于采购员没有能力与供应商议价,有时会以预算不足作借口,请求供应商同意在其有限的费用下将货品卖给他,从而达到降价的目的。

此时,采购员一方面必须施展"动之以情"的议价工夫,另一方面则承诺将来"感恩图报",换取供应商"来日方长"的打算。

11. 釜底抽薪

为了避免供应商在处于优势时攫取暴利,采购员应同意让供应商有"合理"的利润。通常采购员应要求供应商提供其所有成本资料。对国外货品而言,则请总代理商提供一切进口单据,借以查核真实的成本,然后确定采购的价格。

第三节 供应商管理

要点一：供应商开发

供应商是指可以为企业生产经营提供原材料、设备、工具及其他资源的企业。供应商可以是生产企业，也可以是流通企业。

供应商开发是指将一个现有的原型供应商转化成一个基本符合企业需要的供应商的过程，是连锁企业经营中的重要一环。

供应商开发的内容包括供应商市场竞争分析、寻找合格供应商、潜在供应商的评估、询价和报价、合同条款的谈判以及最终选择合格的供应商等。

1. 供应商开发步骤

供应商开发步骤如图5-9所示。

图5-9 供应商开发步骤

2. 供应商调查的内容

供应商调查可以分为三种，即初步供应商调查、资源市场调查、深入供应商调查。

（1）初步供应商调查。初步供应商调查的内容包括3点，具体如图5-10所示。

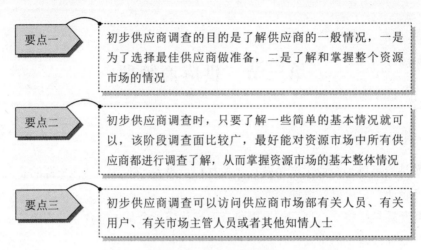

图5-10 初步供应商调查

餐饮企业可以运用供应商卡片对供应商进行初步调查,具体见表5-6。

表5-6 供应商卡片

建卡日期:

	名称			
	地址			
公司基本情况	营业执照号		注册资本	
	联系人		职务	
	电话		传真	
	E-mail		信用度	
产品情况	产品名	规格	价格	质量	可供量	市场份额
运输方式						
运输时间						
运输费用						
备注						

(2)资源市场调查。餐饮企业资源市场调查的具体事项如图5-11所示。

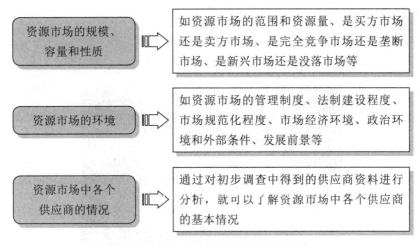

图 5-11　餐饮企业资源市场调查的事项

（3）深入供应商调查。深入供应商调查是指对经过初步调查后准备发展为自己供应商的企业进行更加深入、细致的考察活动。

> **小提示**
>
> 只有通过深入供应商调查，才能找到可靠的供应商，并建立起稳定的供需关系。

这种考察需要深入到供应商企业的各个生产线、工艺环节和质量检验环节，对现有设备工艺、生产技术、管理技术等进行考察，查看所采购的产品能否满足本企业的生产工艺条件、质量保证体系和管理规范要求。深入供应商调查中需要用到供应商调查评估表，具体见表 5-7。

表 5-7　供应商调查评估表

公司名称		联系人	
公司地址		电话	
采购产品		生产产品类别	
供应商综合情况：			
评估意见：			
结论：			
备注：		审批人：	

3.供应商调查方法

供应商调查方法主要包括问卷调查法、实地考察法(如图5-12所示)和文献调查法等。

图5-12　实地考察

要点二：供应商评价

供应商评价指对现有和新开发的供应商进行定期监控和考核,它存在于供应商开发、选择、使用的各阶段,且考核内容和形式并不完全相同。供应商评估的目的是要优化供应商的分级管理。

1.确定供应商等级

确定供应商等级可以优化和实现供应商分级管理,提高工作效率,它适用于所有与餐饮企业有正常合作关系的供应商。

(1)供应商分级标准是一定时期内供应商对公司贡献度的大小,包括合作配合度、服务态度及评估配合度等,具体见表5-8。

表5-8　供应商分级标准表

级别	A级	B级	C级
商品质量	0次投诉	0次投诉	一次以上投诉
缺货	每季度少于一次	每季度少于两次	每季度两次及以上
缺交货	每季度少于两次	每季度两次	每季度三次及以上
退换货	在规定时间内处理好	在规定时间内未处理好	经多次催促仍未处理

(2)每季度定期评估一次,每季度第一个月15日前完成上季度的供应商评估。

(3)采购部负责定期评估、分级,及时做好各项数据资料的登记和统计工作,审核评估结果,并最后对供应商进行定级。

2.供应商评价内容

供应商评价内容主要包括以下4项。

（1）供应商是否遵守企业制定的供应商行为准则。
（2）供应商是否具备良好的售后服务意识。
（3）供应商是否具备良好的质量改进意识和开拓创新意识。
（4）供应商是否具备良好的运作流程、规范的企业行为准则和现代化的企业管理制度。

3.供应商评价程序

了解供应商存在的不足之处，并将其反馈给供应商，促进其改善业绩，以便更好地完成供应任务。具体包括以下4项。

（1）确保供应商能够提供优质的服务和商品，并及时供货。
（2）力争以最低的成本获得优良的商品或服务。
（3）淘汰不合格的供应商，开发有潜质的供应商。
（4）维护和发展与良好的、长期稳定的供应商之间的合作关系。

供应商评价程序如图5-13所示。

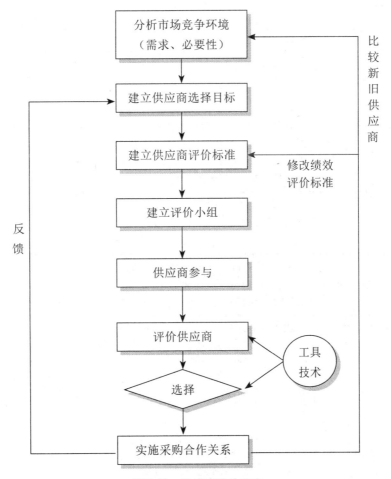

图5-13　供应商评价程序

4.定期评估方法

餐饮企业对供应商的定期评估可以采用ABC分类法,具体见表5-9。

表5-9 定期评估方法(ABC分类法)

A类供应商	B类供应商	C类供应商
(1)按合同准时结算,每周至少电话联系一次,每月至少见面一次 (2)要求提供好的商品及具有优势的价格	参考库存金额,按合同所签订的交易条件结算,每月至少见面或电话联系两次	(1)控制库存金额,有希望的则培养为B类供应商,无希望的则寻找替代供应商 (2)每次评估后,对C类供应商的后三位进行淘汰

5.新供应商评估标准及方法

新供应商评估标准及方法见表5-10。

表5-10 新供应商评估标准及方法

序号	评估标准	计分方法
1	企业知名度	最高,10分;较高,8分;一般,6分;较低,4分;很低,2分;无名,0分
2	产品知名度	市场第一品牌,10分;市场第二品牌或发展潜力较大,8分;市场二流品牌,但有发展空间,6分;市场二流品牌且发展空间较小,4分;市场三流品牌,2分;杂牌,0分
3	企业证件	包括企业营业执照、税务登记证、卫生许可证、产品检验报告、一般纳税资格证及其他相关证件:所有证件齐全,8~10分;缺营业执照外的任何一证,6分;缺营业执照外的多个证件,4分;缺营业执照外的所有证件,2分;无证照,0分
4	产品质量合格证	所有产品合格证齐全(由省级以上检验单位颁发),10分;齐全(由省或县级以上颁发),8分;齐全(县级检验单位颁发),6分;齐全(县级以下单位颁发),4分;不齐全,2分;无合格证,0分
5	公司经营状况	销售额>10000万元,10分;1000万元<销售额<10000万元,8分;500万元<销售额<1000万元,6分;100万元<销售额<50万元,4分;销售额<100万元,2分;销售额<10万元,0分
6	送货方式	符合公司要求,1~10分;不符合公司要求,0分
7	售后服务	有专职部门负责,能及时、第一时间处理突发事件,10分;有专职部门,处理态度良好,能及时处理,8分;无专职部门,但能及时处理,6分;无专职部门,有能力处理,4分;售后服务较差,1分;无法提供售后服务,0分
8	退换货	无条件接受退换货,10分;接受合理的退货换货,8分;只退不换或只换不退,6分;不退换,但能协助处理,4分;不退不换,但能协助处理残次品,2分;不退不换,0分

续表

序号	评估标准	计分方法
9	产品性价比	同类产品中属较高,10分;同类产品中属中等,8分;同类产品中属较低,6分;同类产品中属很低,4分;同类产品中属最低,0分
10	结算方式	高于标准100%,10分;高于标准40%,8分;符合标准,6分;低于标准80%,4分;低于标准100%,1分;即结,0分

根据表5-10的评估标准,可以将新供应商分为以下四个级别,具体见表5-11。

表5-11 新供应商分级标准

得分	级别	处理方式
85～100分	A级	可作为重点推荐供应商提交评审小组评审
70～84分	B级	可提交评审小组评审
60～69分	C级	暂不提交评审,如无更优供应商再提交评审
60分以下	D级	暂不考虑

要点三:供应商审核

1. 加工型供应商

餐饮企业对加工型供应商的审核内容应包括(以食品安全和质量管理体系审核为例):病虫害防治、卫生控制、产品模拟回收及产品质量控制等。

2. 蔬果供应商

餐饮企业应对蔬果供应商种植基地周围的环境设施状况进行评估,以确认基地的环境、气候、土壤、水源、交通等各方面的基础条件是否适合蔬菜种植。具体评估内容如图5-14所示。

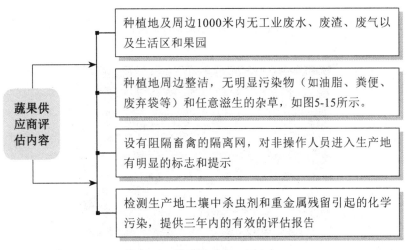

图5-14 蔬果供应商评估内容

图5-15　种植地要整洁

3.肉类供应商

在这里,以鸡肉供应商为例进行说明。餐饮企业对鸡肉供应商的评估内容如图5-16所示。

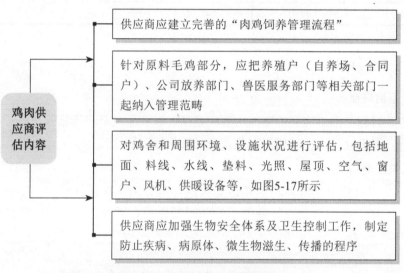

图5-16　鸡肉供应商评估内容

鸡肉供应商评估内容:
- 供应商应建立完善的"肉鸡饲养管理流程"
- 针对原料毛鸡部分,应把养殖户(自养场、合同户)、公司放养部门、兽医服务部门等相关部门一起纳入管理范畴
- 对鸡舍和周围环境、设施状况进行评估,包括地面、料线、水线、垫料、光照、屋顶、空气、窗户、风机、供暖设备等,如图5-17所示
- 供应商应加强生物安全体系及卫生控制工作,制定防止疾病、病原体、微生物滋生、传播的程序

图5-17　鸡舍环境评估

要点四：供应商考核

餐饮企业各餐厅（部门）可将供应商所提供产品和服务中的问题录入"供应商异常情况登记表"中（见表5-12），并将其交至采购部，以便对供应商进行辞退、限期整改等处理。

表5-12　供应商异常情况登记表

序号	发生日期	供应商名称	产品类型	异常情况	处理措施	登记人	审核人

采购部每半年对各部门所有列入"合格供应商名录"的供应商进行考核，并进行统计分析。

1. 考核内容

餐饮企业对供应商考核的内容主要包括以下4项。

（1）提请采购部复审其资格要求。

（2）半年来为各餐厅（部门）提供的产品和服务的情况。

（3）各部门"供应商异常情况登记表"中所登记的异常情况。

（4）对质量、价格、供货及时性、服务进行考核（由部门验收员、仓管员评分）。

$$质量分 = 40 \times [（总批次 - 因质量退回批次） \div 总批次]$$

$$价格分 = 30 \times [（总批次 - 因价格退回批次） \div 总批次]$$

$$供货及时分 = 20 \times [（总批次 - 因供货不及时退回批次） \div 总批次]$$

服务态度分评判标准为：交货单据不符扣1分；数量和质量与预订不符扣2分；送货人或供应商态度恶劣扣2分；包装不良或混料扣2分；经警告而未能及时纠正扣1分。

考核完成后，需要填写供应商考核表，具体见表5-13。

表5-13　供应商考核表

日期：

序号	供应商名称	产品类型	交易批次	合格批次	质量40分	价格30分	供货及时20分	服务态度10分	总分	备注

2.考核结果处理

根据考核结果,可将供应商分为三个等级,具体见表5-14。

表5-14 供应商考核结果处理

处理方式	考核结果
确定为合格供应商	(1) 三证齐全且未超过有效期 (2) 在产品和服务上没有比其更好的供应商 (3) 评分在70分以上,且质量分不少于30分
提出书面整改意见,要求进行限期整改	(1) 三证不齐全或已超过有效期 (2) 在产品和服务上有更好的供应商 (3) 评分在60~70分
取消供应资格	(1) 在限定期限内未整改好 (2) 评分低于60分 (3) 经相关部门确认,有重大质量问题

对于考核不合格的供应商,应根据实际情况采取辞退、限期整改等方式进行处理,并将其从"合格供应商名录"(见表5-15)中除名。

表5-15 合格供应商名录

序号	供应商名称	卫生许可证号、营业执照或摊位号	供应商公司地址	产品类型	联系方式	登记人

要点五:采购合同审查要点

餐饮企业在同供应商签订采购合同时,需要注意下列事项。

图5-18 采购合同审查

(1) 签订合同时,一定要仔细阅读相关条款,对一些有歧义、不合理的条款要和供应商落实清楚,以免出现问题时产生纠纷。如图5-18所示。

(2) 要求供应商在合同上注明产品的品牌、型号、单价、数量等详细信息。

(3) 加盖供应商公章。

(4) 对特定条款加以注明。如退换货的办理方式、违约责任说明、送货时间等。属于可以再加工的产品,对这些产品的退换货问题也要加以约定。

（5）在订购时可以适当多订一些，要和供应商约定好，没有用完的产品可以退货。

（6）了解和落实退补货原则。

（7）在订购合同上注明产品等级，防止商家以次充好。

（8）适当地交一些定金，等到货验收无误后再付全款，同时最好约定产品不符合要求可无条件退货并退回定金。

要点六：制定供应商管理规定

餐饮企业要加强对供应商的管理，可以制定一个餐饮企业供应商管理规定并让本公司采购员和供应商了解，以实现制度化管理。下面提供一份供应商管理规定范本，供读者参考。

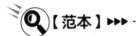
【范本】▶▶▶

××餐饮企业供应商管理规定

一、目的

为了确保采购的产品能够满足本公司生产和服务的要求，同时使生产成本得到有效控制，特制定本管理规定。

二、适用范围

本规定适用于本公司所有供应商的评定及货品采购工作。

三、职责

采购部负责供应商的评审、考核及货品的购买工作。

四、采购货品分类

本公司的采购货品可分为以下种类，具体见下表。

采购货品分类

货品分类	品名举例	描述	采购渠道	付款方式
一级货品	食用油、大米等	属于常规必用物资，采购量大，易保存	品牌食用油代理商处、大米批发市场	财务月结
二级货品	干货、大宗冻食品类、湿粉面	较易保存，运输方便，使用量较大可集中采购以节约成本	批发市场	财务月结
三级货品	鲜活鱼、零星鲜肉、调料类、豆制品类	根据餐厅生产计划安排采购，不宜长期存放和长途运输	菜市场定点送货、屠宰厂直接供货	月结或备用金
四级货品	蔬菜	根据季节变化和餐厅生产需求采购，不宜长期存放	菜市场定点送货	备用金
五级货品	厨房临时采买货品、厨房工具修理配件等	计划性采购的必要性不强，临时采购可满足需求	—	备用金

五、供应商的管理

（一）供应商开发

新供应商开发以生产厂商或一级经销商优先的原则。餐饮企业通过对供应商进行调查、对比、筛选，按以下顺序择优选用：明显优质优价供应商→专业品牌供应商→一级批发供应商→长期稳定、信誉度高的供应商→可实行定期结账的供应商。

要成为本公司供应商，须提供营业执照、卫生许可证、税务登记证以及联系人身份证正本等供查证，并提交其复印件以做审批及存档之用。同一类别的货品应选用两个供应商供货，采用供应商定期（如分月、分季节）轮换送货的方式，以形成竞争机制。

（二）供应商考核

1. 一、二、三级货品供应商的考核

（1）每年对一、二、三级货品供应商考核、评估不少于两次，评估采取市场调查、同类比较、现场考察等方式进行。

（2）从与供应商签订供货合同之日起每6个月进行一次考核，主要考查其价格合理性、服务及时性、货品质量稳定性等。

（3）供应商考核评估结果在例会上报告。

2. 四、五级货品供应商的考核

依据《入库验收标准》对四、五级货品供应商进行考核。

3. 供应商的奖惩

（1）如果一、二、三级货品供应商的供货中出现伪劣、质次原料，除退换货外，还将处以_____元罚款。如查实后属故意行为的，即暂停进货并冻结资金支付。如出现危及安全的质量问题，应罚没所有未付款，并按后果严重程度进行处理，直至追究其法律责任。

（2）一、二、三级货品供应商考核不合格者，应当即暂停进货。

（3）四、五级货品供应商供货时如出现一般质量问题，应及时向其发出书面和口头通知，所供货品退货并处以_____元罚款。

（4）四、五级货品供应商考核不合格者，应立即暂停进货。

（5）取消供货资格的供应商，自取消当日起三个月内不得重新选用，三个月后可重新进行考核，经考核合格后可再供货。

（6）暂停进货的供应商再次供货前，其所供货品需小批量试用，经过试用考核合格后，方可批量进货。

六、相关文件及表格

（略）。

要点七：供应商档案管理

采购部负责建立供应商档案，各门店店管部、厨房要加以配合。每个选定的供应商都必须有详尽的档案。供应商档案包括：供应商调查表、供应商审批表、供应商评估表、供应商质量档案、供应商所提供的合格证明、价格表及相关资料。其中,"供应商评估表"见表5-16。

表5-16 供应商评估表

文件编号:

名称		
地址		联系方式
评审内容	证件	评审人及日期:
	商誉	评审人及日期:
	性价比	评审人及日期:
	服务	评审人及日期:
	品种适应性	评审人及日期:
评审内容	其他	评审人及日期:
确认		评审人及日期:
评审结论		评审人及日期:
		评审人及日期:
备注		

档案内还应保存合格供应商的营业执照复印件、产品合格证复印件、卫生许可证复印件及其他资质证明材料。

第六章
餐饮企业采购安全控制

☞ 第一节　采购安全知识
☞ 第二节　采购安全须知

第一节 采购安全知识

要点一：选择合格供应商

选择合格供应商是保证食品安全的第一步，餐饮企业在选择供应商时必须考虑以下因素。

（1）合格供应商应有生产或销售相应种类食品的许可证。

（2）合格供应商应具有良好的信誉。

（3）对于大量使用的食品原料，应建立相对固定的原料供应商和供应基地。

（4）不定期到实地检查供应商，或抽取原料样本送到实验室进行检验。

（5）针对每种原料确定备选供应商，以便在一家供应商因各种情况停止供货时，能够及时从其他供应商处采购到符合要求的原料，以免发生因原料断货影响企业正常运营的情况。

要点二：绿色食品选购

绿色食品是无污染、无公害、安全营养型食品的统称，而并非指绿颜色的食品。

1. 别被"绿色"俩字忽悠

一些不法商家开始在包装或宣传上打起了绿色食品的"擦边球"，企图以此蒙蔽或误导消费者，非法牟利。

> **小提示**
>
> "纯天然"并不代表"绿色"，也不代表"绝对安全"，所以外包装上有"纯天然"商标的商品，并不一定是绿色食品。

2. 选购"五看"

选购绿色食品时要做到"五看"，具体见表6-1。

表6-1 选购"五看"

序号	类别	说明
1	看级标	A级和AA级同属绿色食品，除这两个级别的标志外，其他均为冒牌货
2	看标志	绿色食品的标志和标袋上印有"经中国绿色食品发展中心许可使用绿色食品标志"字样
3	看标志上标准字体的颜色	（1）A级绿色食品的标志与标准字体为白色，底色为绿色，防伪标签底色也是绿色，标志编号以单数结尾 （2）AA级使用的绿色标志与标准字体为绿色，底色为白色，防伪标签底色为蓝色，标志编号的结尾是双数

续表

序号	类别	说明
4	看防伪标志	绿色食品都有防伪标志,在荧光下能显现该产品的标准文号和绿色食品发展中心负责人的签名
5	看标签	(1)绿色食品的标签符合国家食品标签通用标准,食品名称、厂名、批号、生产日期、保质期等内容齐全 (2)检验绿色食品标志是否有效,除了看标志自身是否在有效期内,还可以进入绿色食品网查询标志的真伪

要点三：避免食品选购误区

1. 新茶

最新鲜的茶叶其营养成分不一定最好。因为新茶是指采摘下来不足一个月的茶叶,这些茶叶内有一些会对人体产生不良影响的物质,如果长时间饮用,可能会出现腹泻、腹胀等不舒服的反应。

小提示

太新鲜的茶叶不适合胃酸缺乏或者患有慢性胃溃疡的人饮用。新茶会刺激胃黏膜,使人肠胃不适,甚至会加重原有病情。

2. 新鲜蔬菜

美国缅因州大学的食品学教授洛德·勃什维尔发现：西红柿、马铃薯和菜花经过一周的存放后,其维生素C含量有所下降；甘蓝、甜瓜、青椒和菠菜存放一周后,其维生素C的含量基本无变化；而卷心菜经过冷藏保存后,甚至比新鲜的卷心菜的维生素C含量更高。

为防治病虫害,菜农经常对蔬菜施用各种农药,有时甚至在采摘前的一两天还喷洒农药。所以,新鲜蔬菜最好略做存放,使残留的有害物质逐渐分解后再吃。对于那些容易衰败的蔬菜,要多清洗几次再吃。

3. 新鲜野菜

许多餐饮企业推出各种新鲜野菜,很受顾客的青睐。但是,现在不少天然野菜生长在垃圾堆或者被污染的河道附近,很难清洗干净。如果食用了有污染的野菜,反而对身体有害。

4. 鲜黄花菜

鲜黄花菜含有秋水仙碱,食用时要小心中毒。秋水仙碱本身是无毒的,但进入人体后会被氧化成氧化二秋水仙碱,它会对肠胃及呼吸系统产生强烈的刺激,使人嗓子发干、恶心、呕吐、腹痛、腹泻、胃有烧灼感,严重的可产生血便、血尿或尿闭等症状。鲜、干黄花菜如图6-1、图6-2所示。

图6-1 鲜黄花菜　　　　　　　　图6-2 干黄花菜

5. 鲜木耳

鲜木耳中含有一种光感物质，进入人体后会随血液循环分布到人体表皮细胞中，受太阳照射后会引发日光性皮炎。这种有毒光感物质还易被咽喉黏膜吸收，导致咽喉水肿。如图6-3所示。

图6-3 鲜木耳

要点四：签订食品进货安全协议书

为有效控制供应商所提供食品的质量与卫生安全，餐饮企业应当与供应商签订进货安全协议书。下面提供一份食品供货安全协议范本，供读者参考。

食品供货安全协议

甲方：_____（餐饮企业）

乙方：_____（供应商）

为了保障上市食品的卫生安全，保护消费者的合法权益，根据我国《消费者权益保护法》《食品卫生法》和《关于加强食品等产品安全监督管理的特别规定》及《流通领域食品安全管理办法》等有关规定，双方经友好协商签订此协议，具体条款如下。

第一条　供应产品名称：_____。

第二条　协议有效期：自____年__月__日起至____年__月__日止。期满本协议自动终止，如双方有意续约应另行签订。

第三条　乙方保证其所供应食品的包装、质量规格、卫生安全及营养成分均符合相关食品的国家（地方、行业）质量、卫生、安全法律法规的相关规定。

第四条　在交货前，乙方应对供应食品的质量、卫生、安全等进行详细全面的检验，并出具检验检疫证书，该证书将作为供应食品单据的一部分。该检验检疫证书中有关的质量、卫生、安全的检验检疫不应视为最终检验。

第五条　乙方还必须主动提供卫生许可证书、营业执照、产品合格证、检验及检疫证明等复印件并签字。

第六条　乙方同意在协议有效期内随时接受甲方抽验产品，以确保供应食品的品质、卫生、安全及营养成分符合要求，检验费用由乙方承担。

第七条　如经确认确有不符合卫生、安全要求和质量标准的产品，乙方愿意无条件退货或换货，并在所供应食品有效期之前将该食品回收完毕。

第八条　乙方所供应食品如因质量、卫生、安全不符合国家（地方、行业）相关规定以致损害消费者的健康及权益，经查明属实时，乙方愿负法律责任并赔偿责任。

第九条　乙方供应产品如因违反相关质量、卫生、安全的法律法规而损害甲方的权益时，乙方愿负赔偿责任。

第十条　本协议经双方同意后订立，双方应共同遵守。

第十一条　本协议一式两份，甲乙双方各执一份，效力等同。

甲方（盖章）：_____　　　　乙方（盖章）：_____

代表人（签字）：_____　　　代表人（签字）：_____

地址：_____　　　　地址：_____

电话：_____　　　　电话：_____

　　____年__月__日　　　　　　　　____年__月__日

要点五：查验索取有关票证

1. 索取购物凭证

为便于溯源，采购员要索取并保留购物发票或凭证并留存备查。送货上门的，必须确认供货方有卫生许可证，并留存对方联系方式，以便发生问题时可以追溯。千万不能贪图价格便宜和省事，随意购进无证商贩送来的食品或来路不明的食品原料。

2. 查验有关证明

采购员在采购食品原料前，要查验以下证明。

（1）供应商和生产单位的食品卫生许可证（未经加工的农产品除外）。

（2）加工产品的生产单位的生产许可证。

（3）加工产品的检验合格证（检验机构或生产企业出具）。

（4）畜禽肉类（不包括加工后的制品）的检疫合格证明（动物卫生监督部门出具）。

（5）进口食品的卫生证书（口岸食品监督检验机构出具）。

（6）豆制品、非定型包装熟食卤味的送货单（生产企业出具）。

3.索证注意事项

（1）许可证的经营范围应包含所采购的食品原料。

（2）检验合格证、证书上产品的名称、生产厂家、生产日期或批号等与采购的食品应一致。

（3）送货单、检疫合格证明上的日期、品种、数量与供应的食品应相符。

（4）批量采购时，应查验食品生产经营许可证、检验合格证、检疫合格证明、进口食品卫生证书、豆制品送货单、熟食送货单等。

要点六：开展质量验收

采购食品的质量验收工作主要由采购员、仓管员及使用部门相关人员共同负责，验收时应注意以下事项。

1.运输车辆

查看车厢是否清洁，是否存在可能导致交叉污染的情形，车厢温度是否符合食品储存温度要求等。运载车辆消毒证明如图6-4所示。

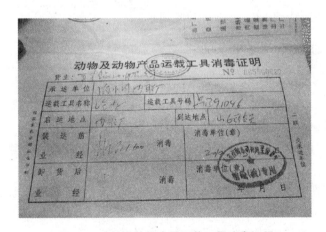

图6-4　动物及动物产品运载工具消毒证明

2.相关证明

相关验收员应在验收时要求供应商提供卫生、质量等方面的相关证明，并做到货证相符。

3.温度

（1）产品标注保存温度条件的，应按规定条件保存。

图6-5 温度计放在两个食品包装之间

（2）散装食品或没有标注保存温度条件的，具有潜在危害的食品应在冷冻（-18℃以下）或冷藏（5℃以下）条件下保存，热的熟食品应在60℃以上条件下保存。

（3）测量包装食品温度时应将温度计放在两个食品包装之间，测量散装食品时应把温度计插入食品的中心部分。如图6-5所示。

（4）温度计使用前应进行清洁，测量直接入口食品的应进行消毒。

4. 标签

标签主要包括品名、厂名、生产日期、保质期限、到期日期、保存条件、食用或者使用方法、"QS"标志等。

5. 感官

食品质量的感官鉴别主要有看、闻、摸等3种方式。

（1）看包装是否完整、有无破损，食品的颜色、外观、形态是否正常。

（2）闻食品的气味是否正常，有无异味。

（3）摸食品的硬度和弹性是否正常。

6. 其他

冷冻、冷藏食品应尽量减少在常温下的存放时间，已验收的食品要及时冷冻、冷藏，不符合要求的食品应当场拒收，并做好验收记录。

要点七：不采购明确禁止采购的食品及食品原辅材料

餐饮企业禁止采购使用下列食品及食品原辅材料。

（1）腐败变质、油脂酸败、霉变、生虫、污秽不洁、混有异物或者其他感官性状异常，可能对人体健康有害的食品及食品原料。

（2）含有毒、有害物质或者被有毒、有害物质污染，可能对人体健康有害的食品及食品原料。

（3）含有致病性寄生虫、微生物的，或者微生物毒素含量超过国家限定标准的食品及食品原料。

（4）未经兽医卫生检验或者检验不合格的肉类及其制品。

（5）病死、毒死或死因不明的禽、畜、兽、水产动物及其制品。

（6）容器包装污秽不洁、严重破损或运输工具不洁造成污染的食品及食品原料。

（7）掺假、掺杂、伪造，影响营养、卫生的食品及食品原料。

（8）用非食品原料加工或加入非食品用化学物质的食品及食品原料。

（9）超过保质期限的食品及食品原料。

（10）为防病等特殊需要，国务院卫生行政部门或者省、自治区、直辖市人民政府专门规定禁止出售的食品及食品原料。

（11）含有未经国务院卫生行政部门批准使用的添加剂或者农药残留超过国家规定容许量的食品及食品原料。

（12）擅自加入药物的食品及食品原料。

（13）未经卫生部批准的新资源食品。

（14）未经检验或检验不合格出厂的食品及食品原辅材料（初级农产品除外）。

（15）未按规定索证的食品及食品原辅材料。

（16）无卫生许可证者生产的食品及食品原辅材料（初级农产品除外）。

（17）不符合国家卫生标准或者卫生管理办法的进口食品及食品原辅材料。

（18）其他不符合食品卫生标准和要求的食品及食品原辅材料。

如果餐饮企业发现采购食品及食品原辅材料不符合相关卫生要求、存在卫生安全隐患或可能对人体健康和生命安全造成损害，应当立即停止使用该产品，及时通知生产企业或者供应商，并向当地卫生监督机构报告。

> **小提示**
>
> 餐饮企业采购的食品及食品原辅材料卫生质量必须符合我国食品卫生法及相关法规、规章、标准的规定。采购的进口食品、食品原材料及进口食品添加剂必须中文标志齐全。

要点八：做好进货索证及验收记录

餐饮企业要索取并保存供应商和生产商的卫生资质证明、每批食品及食品原辅材料的相关手续或证明文件，对采购的每批食品和食品原辅材料进行感官质量及包装标志的检查，做好进货索证及验收记录（见表6-2），建立食品及食品原辅材料进货检查验收档案。

表6-2 食品及食品原辅材料进货检查验收登记表

产品名称	进货时间	数量/千克	生产厂家或产地	供应商	联系人员	生产商资质是否合格	包装标志及感官质量是否合格	合格证或化验单编号	购货凭证票号	验收人

第二节 采购安全须知

须知一：我国安全食品结构

我国安全食品的结构如图6-6所示。

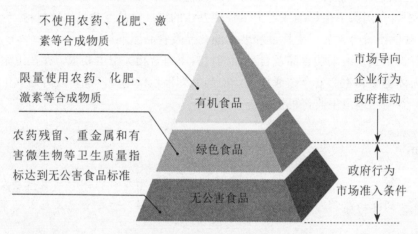

图6-6 我国安全食品结构

1. 识别食品生产许可标志

食品包装上要标志"QS"——生产许可（如图6-7所示）。《食品生产许可证》编号规定如下。

（1）编号由英文字母QS加12位阿拉伯数字组成。

（2）QS为生产许可的缩写，编号前4位为受理机关编号，中间4位为产品类编号，后4位为获证企业序号。

图6-7 生产许可标志

（3）当食品最小销售单元小包装的最大表面面积小于10平方厘米时，可以不加印（贴）《食品生产许可证》编号，但在其大包装上必须加印（贴）《食品生产许可证》编号。

2. 识别无公害食品

无公害食品是指应用无公害技术进行生产，经专门机构检测认定，使用无公害农产品标志的未经加工或者经过初步加工的食用农产品。

无公害农产品标志由绿色和橙色两种颜色组成。该标志说明农产品通过了无公害检测，消费者可以放心购买、安心食用。根据《无公害农产品标志管理办法》规定，获得无公害农产品认证证书的单位和个人，可以在证书规定的产品或者其包装上加印无公害农产品标志，用以证明产品符合无公害农产品标准。如图6-8、图6-9所示。

图6-8　无公害农产品标志　　　　图6-9　无公害农产品证书

无公害食品加工的安全控制要求如图6-10所示。

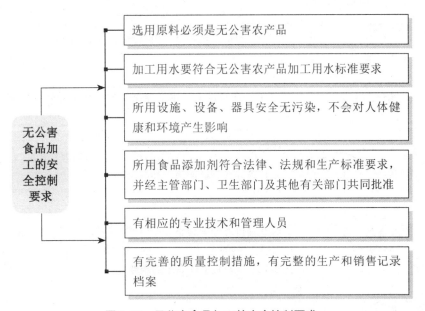

图6-10　无公害食品加工的安全控制要求

3.识别绿色食品

绿色食品是指遵循可持续发展原则，按照特定生产方式生产，经专门机构认定无污染的安全、优质、营养类食品。

（1）绿色食品类别。绿色食品包括AA级绿色食品和A级绿色食品两种。二者的主要区别为：在生产过程中，AA级不使用任何农药、化肥和人工合成激素；A级则允许限量使用限定的农药、化肥和合成激素。如图6-11所示。

图6-11 绿色食品标志

小提示

A级的标志为绿底白字，AA级的标志为白底绿字。

（2）绿色食品加工安全控制。绿色食品必须满足的条件如图6-12所示。

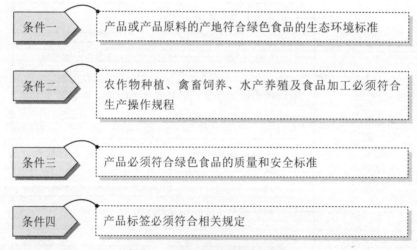

条件一　产品或产品原料的产地符合绿色食品的生态环境标准

条件二　农作物种植、禽畜饲养、水产养殖及食品加工必须符合生产操作规程

条件三　产品必须符合绿色食品的质量和安全标准

条件四　产品标签必须符合相关规定

图6-12 绿色食品须满足的条件

4.识别有机食品

有机食品是一类在生产中不使用任何人工合成化学品，也不使用基因工程和辐射技术，按照国际有机食品要求生产，应用天然物质和对环境无害的方式加工形成，并通过独立的认证机构认证的环保型安全食品。如图6-13所示。

须知二：其他食品安全标志

根据《食品生产加工企业质量安全监督管理办法》规定，

图6-13 有机食品标志

实施食品质量安全市场准入制度管理的食品，必须按规定程序获取《食品生产许可证》，产品出厂前必须经检验合格并加印（贴）食品市场准入标志。没有食品市场准入标志的，不得出厂销售。

1.绿色饮品企业环境质量合格标志

根据《"绿色饮品企业环境质量合格"证明商标标志使用管理办法》的规定，使用该标志证明的商品有以下种类。绿色饮品标志如图6-14所示。

图6-14 绿色饮品标志

（1）软饮料类：矿泉水、可乐、果珍（晶）、植物蛋白饮料（杏仁乳、豆奶等）、茶饮料、果汁饮料、奶茶（非奶为主）及其他无酒精饮料。

（2）含酒精饮料类：葡萄酒、白酒、果酒、啤酒、餐后饮用酒、黄酒、鸡尾酒等。

（3）保健饮品类：非医用营养液、非医用营养胶囊、非医用营养片、非医用营养粉。

2.原产地域产品标志

原产地域产品标志的作用是保证原产地域产品的质量和特色。原产地域产品专用标志的轮廓为椭圆形，灰色外圈，绿色底色，椭圆中央为红色的中华人民共和国地图，椭圆下部为灰色的万里长城。如图6-15所示。

图6-15 原产地域产品标志

3.食品包装CQC标志

食品包装CQC标志认证是中国质量认证中心（英文简称CQC）实施的以国家标准为依据的第三方认证，是一种强制性认证。食品包装上有CQC标志（如图6-16所示），则表明该包装是安全、卫生的，不会污染包装内食品。

图6-16 食品包装CQC标志

须知三：食品中常见生物性危害因素

餐饮企业采购员必须了解餐饮食品中常见的生物性危害因素，以便做好预防措施，保证食品安全。

1.细菌

（1）细菌的危害。致病性细菌通常称为病原菌或致病菌，它们是导致大多数食物中毒的罪魁祸首。

有些细菌会使食品腐败变质，但很少使人得病，大部分的致病菌并不会引起食品感官变化。直接入口食品中带有的病原菌，可能是由于加工时未彻底去除，但更多是由于受到污染所致，污染通常可来自于生的食物、操作环境、人和动物等。

（2）细菌的生长繁殖条件。细菌的生长繁殖条件如图6-17所示。

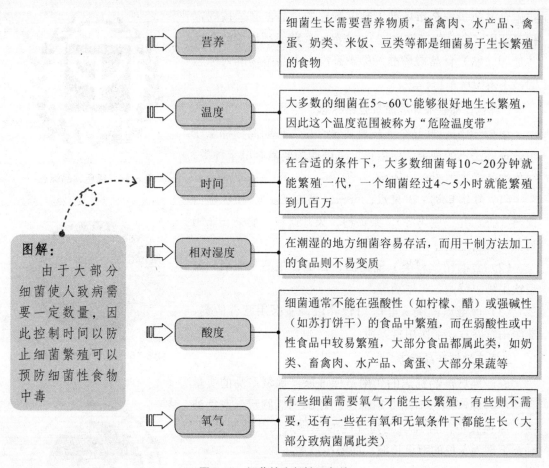

图6-17 细菌的生长繁殖条件

2. 病毒

病毒不会在食品中增殖,但只需极少的数量即可使人致病,烹饪时彻底加热可以灭杀食品中的大部分病毒。病毒传播的基本特点如下。

(1)可以通过人员接触或排泄物污染食品与水源。

(2)食品污染通常由于不良的个人卫生习惯所致,如上厕所后不洗手等。

(3)可在食品与食品之间传播。

(4)可在人与人之间传播,具有传染性。

3. 寄生虫

人感染寄生虫大多是由于食用生食、半生食或食品加热不彻底所导致。低温冷冻或烹饪时彻底加热食品,均能有效杀灭寄生虫。

须知四:食品中常见化学性危害因素

化学性危害是指有毒化学物质引起的危害,可源于食品本身,也可受到外来污染所致。以下是一些常见化学性危害因素及其预防原则。

1. 本身含有毒物质

河豚、高组胺鱼、四季豆、扁豆、荷兰豆、生豆浆和部分野蘑菇等食品本身含有毒物质。这些食品有些属禁止供应品种，有些则可通过适当加工去除毒素后供应。

（1）河豚。河豚的毒素加热后也很难去除，发生中毒后死亡率高，是国家法规明令禁止供应的食品。

> **小提示**
>
> "巴鱼"也是河豚的一种，同样禁止供应，河豚干制品（包括生制品和熟制品）也不得供应。

（2）高组胺鱼。海产鱼类中的青皮红肉鱼，如青专鱼、金枪鱼、沙丁鱼、秋刀鱼等会形成组胺，引起组胺食物中毒。由于组胺是因鱼体腐败产生的，因此储存加工中保证鱼的新鲜可防止组胺生成。

（3）四季豆、扁豆、荷兰豆。四季豆、扁豆、荷兰豆中含有可使人中毒的有毒物质。烹调时先将豆类放入开水中烫煮10分钟后再炒，可有效去除有毒物质。

（4）生豆浆。生豆浆含有毒物质，所以食用时必须将豆浆煮透，尤其要防止"假沸"。烧煮时应将上涌的泡沫除净，煮沸后再用文火维持沸腾5分钟。

（5）野蘑菇。野蘑菇中的部分品种具有毒性，食用后可导致中毒甚至死亡。防止中毒的有效方法是不采摘、不采购、不食用野生蘑菇。

2. 受到有毒物质污染

（1）有机磷农药。采购员要选择信誉良好的供应商和未受到农药污染的蔬菜。蔬菜粗加工时以洗洁精溶液浸泡半小时后再冲净，烹调前再烫泡1分钟，可有效去除大部分农药。

（2）瘦肉精。采购员应选择信誉良好的供应商，不采购市场外无证摊贩经营的产品。如采购猪肉产品时，应选用带有肥膘的猪肉，猪内脏选择有品牌的定型包装产品。

（3）亚硝酸盐。亚硝酸盐的外观与盐和味精相似，因此不要使用来历不明的"食盐"或"味精"，尽量少食用腌菜、腊肉，不吃腐烂变质蔬菜，这些食品中的亚硝酸盐含量很高。

（4）桐油。不使用来历不明的油。桐油具有特殊气味，在采购前应闻味辨别。

（5）贝类毒素。贝类毒素的中毒表现根据毒素的不同而有所不同，部分种类的毒素可导致人死亡。预防贝类毒素中毒的有效方法是选择信誉良好的供应商，不经营国家明令禁止采购、加工和销售的织纹螺。

（6）雪卡毒素。雪卡毒素存在于珊瑚礁附近觅食的鱼类（也称作珊瑚鱼）体内，常见的包括东星斑、苏眉、老鼠斑等。预防雪卡毒素中毒的有效方法是选择信誉良好的供应商，采购时问清来源，不供应珊瑚鱼的卵、肝、肠、头、皮等部位，因为这些部位的雪卡毒素含量较高。

须知五：食品中常见物理性危害因素

物理性危害主要来源于食品中的各种有害异物，如金属、玻璃、碎骨等，人误食后可能造成身体外伤、窒息或其他健康问题。预防物理性危害的方法是在食品验收、加工等环节进行仔细检查，并采取措施使食品不会在加工操作过程中混入异物。

须知六：细菌性食物中毒常见原因

餐饮企业细菌性食物中毒有五种常见原因，其中交叉污染占50%以上，是最为主要的原因。

1.交叉污染

食品成品在食用前一般不再加热，一旦受到致病菌污染，极易引发食物中毒。加工操作过程中如发生以下情况，就可能使成品受到致病菌的污染。

（1）成品和原料、半成品在存放过程中相互接触（包括食品中汁水的接触）。

（2）装成品和原料、半成品的用具、容器混用。

（3）操作人员接触原料、半成品后双手未经消毒即接触成品。

2.从业人员带菌污染

一旦从业人员手部皮肤有破损、化脓、疖子，或患有感冒、腹泻等疾病，便会携带大量致病菌。如果从业人员患病后仍继续接触食品且不严格进行洗手消毒，就极易使食品受到致病菌污染，从而引发食物中毒。

3.食品未烧熟煮透

如果烹调前未彻底解冻、烧煮量太大或烧制时间不足等，使食品未能烧熟煮透，会导致致病菌未被彻底杀灭，从而引发食物中毒。

4.食品储存温度、时间控制不当

如果食品储存温度、时间控制不当，食品中的细菌就可能大量繁殖。较易发生此类问题的情况有以下4种。

（1）冷藏设施不足或超负荷运转。

（2）供应宴席时冷菜提前切配并放置过久。

（3）食品加工后在常温下较长时间保存。

（4）食品冷却时间过长或温度过高。

5.餐具清洗消毒不彻底

盛放食品的餐具或其他容器如果清洗消毒不彻底，致病菌可通过餐具污染到其他食品，也可引起食物中毒。餐具消毒如图6-18所示。

图6-18　餐具消毒

第七章
餐饮企业验收作业控制

☞ 第一节 验收作业管理要点
☞ 第二节 商品验收须知
☞ 第三节 不同类型退货管理

第一节 验收作业管理要点

要点一：配备合格验收员

餐饮企业要保证验收工作质量，必须配备合格的验收员（如图7-1所示）。有的餐饮企业配有专门负责验收的人员，有的则是由仓管员担任。无论由哪个职位的人员负责验收工作，在配备前必须做好以下工作。

（1）因为餐饮企业验收最多的是食品原料，因此验收员必须具备丰富的餐饮食品知识。

（2）人力资源部门负责遴选应聘人员，审查应聘人员资历，然后会同财会部门和采购部门主管人员决定录用人选。

（3）从不同岗位中挑选出具有验收工作经验的人员负责验收工作。

（4）收货时，验收员应该根据订货单对商品进行数量盘点和质量检验。

（5）制订培训计划，对所有验收人员进行培训。

（6）未经主管人员同意，任何人无权改变采购规格。

图7-1 验收员进行质检

要点二：准备验收场地要求

验收场地的大小、验收位置的好坏将直接影响到货物交接及验收的工作效率。

（1）验收场地应当设在货物进出较方便的地方，最好能靠近厨房的加工场所，这样便于货物的搬运，缩短货物搬运的距离，也可减少工作失误。

（2）验收时要有足够的场地，以免货物堆积，影响验收工作进行。

（3）验收工作中涉及许多发票、账单等，还需一些验收设备工具，因此需要设有验收办公室。

要点三：配备验收设备、工具

1.验收设备

验收处应配置合适的设备，供验收时使用。比如磅秤就是最主要的设备之一，磅秤的大小可根据餐饮企业的正常进货量来定，既要有称大件物品的大磅秤，又要有称小件、贵重物品的台秤和天平秤，各种秤都应定期校准，以保持其精确度。如图7-2、图7-3所示。

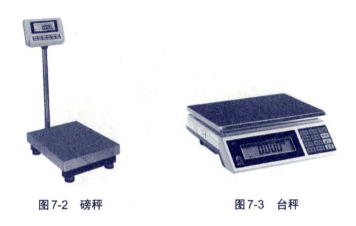

图7-2　磅秤　　　　　　　图7-3　台秤

2.验收工具

常用的验收工具有开纸板箱的尖刀、剪刀、榔头、铁皮切割刀、起货钩，和搬运货物的推车，以及盛装物品的网篮和箩筐、木箱等。验收工具既要保持清洁，又要安全保险。

要点四：制定餐饮原料验收程序

餐饮原料的验收程序如图7-4所示。

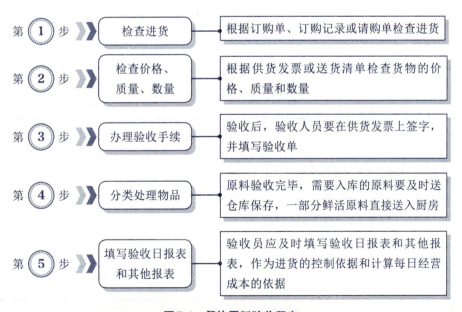

图7-4　餐饮原料验收程序

在这里,重点对检查价格、质量、数量进行解析,具体内容如下。

(1)以数量计数的物品,必须逐件清点,记录正确的数量。

(2)以重量计数的物品,必须逐件过秤,记录正确的重量。

(3)对照采购规格书,检查原料质量是否符合要求。

(4)抽样检查箱装、匣装、桶装原料,检查其重量和质量是否符合要求。

(5)发现原料重量不足或质量不符需要退货时,应填写原料退货单并取得送货人签字,将退货单随同发票副页退回供应商。如图7-5所示。

图7-5 填写退货单

以下将餐饮原料验收中常用到的表格予以分列,供读者参考,具体见表7-1至表7-5。

表7-1 进货申购单

申报人:

部门		日期	
请提前三天填写好进货单			
品名	数量	规格	备注

表7-2 原料订购单

订货部门: 日期:

品名	规格	单位	数量	备注

提货人: 厨师长: 采购主管:

表7-3 原料验收单

日期	原料名称	编号	数量	规格	原料质量	厨师长签名

表7-3由厨师长对照采购员出具的申购单,一一对原料进行验收,然后由仓管员填写"入库清单"入库。

表7-4 原料验收记录

采购时间	品名	验收情况	验收员

表7-5 验收日报表

来源:		订货日期:		编号:		收货日期:		
物品名称	数量		规格厂牌	单位	价格金额	备注（有关质量）	验收员签字
	订货	实收					

要点五：验收需做好防盗工作

在验收工作中，要做好防盗工作，以防商品丢失。

（1）指定专人负责验收工作，而不能是谁有空谁验收。

（2）验收工作和采购工作分别由专人负责。

（3）如果验收员兼管其他工作，应尽可能将交货时间安排在验收员比较空闲的时候。

（4）商品应运送到指定验收区域。

（5）验收之后，尽快将商品送入仓库，防止食品变质和职工偷盗。

（6）不允许推销员、送货员等进入仓库或食品生产区域，验收、检查区域应靠近入口处。

第二节 商品验收须知

须知一：直送商品验收

直送商品指的是由供应商直接送往餐饮企业的商品。

1. 正常商品收货

（1）识别通知单。识别通知单要注意3点内容，具体如图7-6所示。订货商品通知单见表7-6。

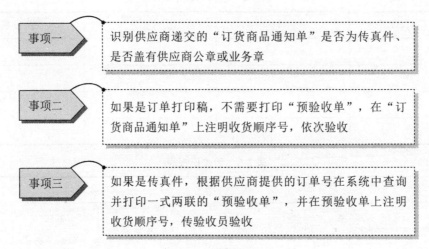

事项一　识别供应商递交的"订货商品通知单"是否为传真件、是否盖有供应商公章或业务章

事项二　如果是订单打印稿，不需要打印"预验收单"，在"订货商品通知单"上注明收货顺序号，依次验收

事项三　如果是传真件，根据供应商提供的订单号在系统中查询并打印一式两联的"预验收单"，并在预验收单上注明收货顺序号，传验收员验收

图7-6　识别通知单

表7-6　订货商品通知单

供应商编号：				订货单号：						
供应商名称：				分店名称：						
供应商地址：				送货地址：						
供应商电话：				结算方式：						
供应商传真：				合计金额：						
序号	商品编码	商品名称	是否重点	规格	单位	件数	数量	进价	金额

（2）验收商品。验收员根据供应商订单在系统中查有无退货，如该供应商有退货，应先做退货，再按登记顺序对供应商的送货商品进行验收。注意事项如图7-7所示。

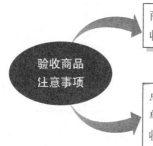

图7-7 验收商品注意事项

实收数量和送货数量一致的，则在订货单上相应的商品前打"√"。

实收数量和订货数量不一致的，则在订货单上相应的商品前打"×"，并将订货数量画斜杠更正为实收数量。

没有送货的实收数量写"无"，将收货金额画斜杠。

验收员据此修改"供应商送货清单"，送货员在更正的数量处签名确认。

供应商送货员、验收员分别在"预验收单"上签字确认并注明日期后，立即将验收的商品拉至黄线区域内，同时将单据收好。如图7-8所示。

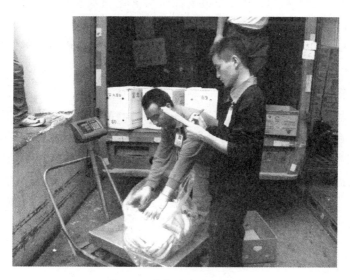

图7-8 验收员确认订货单

（3）录入单据。验收员根据预验收单号在系统中的"预验收单"模块生成"商品验收单"，在系统"商品验收单"（见表7-7）模块中录入实收数后保存审核。

表7-7 商品验收单

验收单号：		订货单号：		分店：		物流模式：	
供应商：		结算方式：		联系方式：			

商品名称	商品规格	单位	验收数量	进价	进价数量

制单人：　　　　　　　　　　　　　　制单日期：
收货人：　　　　　送货人：　　　　　审核：　　　　　仓库主管：

（4）打印单据。打印一式三联的"商品验收单"，一联与"预验收单"或"供应商送货清单"装订后统一交核单员复核保管，一联盖上公司收货专用章连同其余单据交供应商带回，还有一联随商品配送至营业区。

（5）装订单据。"商品验收单"在最上面，接着是"预验收单"，"供应商送货清单"在下，两单均正面朝上，订书针统一装订在单据右上角。

（6）单据入档保存。单据装订后按验收单审核顺序排列，以日为单位将验收单及退货单存入资料袋。

2. 直送商品差异处理

（1）实际商品比系统单据中的数量多。如果实际商品比系统单据中的数量多，需要经过单品盘点，由使用部门、采购部门以及供应商共同确认差异数量，经总经理签字确认后，补单给供应商，然后按照正常收货流程操作，并在验收单签字注明是补单处理。

（2）实际商品比系统单据中的数量少。如果实际商品比系统单据中的数量少，由使用部门、采购部门以及供应商共同确认差异数量，经总经理签字确认后，填写退货单，然后按照正常退货流程处理，由验收员在验收单签字注明是空退处理。

须知二：配送商品验收

配送商品主要针对的是连锁型餐饮企业由总部给分店配送的商品。

1. 正常商品收货

（1）配送车司机持"配送中心配送清单"（见表7-8）、"容器单"（一式一联）和四联"配送跟踪单"，将配送商品运至公司。

表7-8 配送中心配送清单

分店编码：　　　　　　　　分店名称：　　　　　　　　库位：
打印日期：　　　　　　　　审核日期：　　　　　　　　第＿＿＿＿页共＿＿＿＿页

商品编码	商品名称	规格	单位	税率/%	进价	数量	进价金额		
							含税	不含税	税金
合计：									

仓管：　　　　　　财务审核：　　　　　　主管：　　　　　　录入员：

（2）验收员登记"配送中心配送清单"的配送单号，打印一式两联"配送收货单"，具体见表7-9。

表7-9 配送收货单

商品类别	商品名称	商品数量	商品规格	收货数量	备注

（3）验收员与使用部门员工持"配送收货单"验收商品，按商品验收标准验收质量、数量。

（4）验收员应核对商品实物与"配送验收单"登记的商品名称、条码、编码、规格、销售单位等内容是否完全一致，确保单货相符。

如商品实物与验收单上的"实发数量"一致，在"配送收货单"上的"收货数量"栏内打"√"。

如商品数量有差异，按实际到货数量验收，在"收货数量"栏填写实收数，并在"备注"栏备注说明。

如果商品出现质量问题，按合格商品数量验收，在"收货数量"栏填写好收货数量，在"备注"栏备注不合格商品数量及原因。

（5）验收员录入"收货数量"，保存并审核，"配送收货单"第二联由使用部门留存。

2. 配送商品差异处理

如果配入货物总件数与配送跟踪单上的配入数不符，当场能确定的，在配送跟踪单上注明实际验收数并立即反馈至配送中心，双方责任人签字确认。

须知三：食品验收标准

验收员在验收食品时，应确保商品外包装完好无损，商标图案等清晰明了，保质期不超过1/3。如存在以下情况，均属于不符合标准。

（1）罐头食品：凹凸罐、外壳生锈、有刮痕、有油渍等。

（2）腌制食品：包装破损、有液汁流出、有腐臭味道、液汁浑浊或液汁太少、真空包装已漏气。

（3）调味品：罐盖不密封、有杂物掺入、包装破损潮湿、有油渍。

（4）食用油：漏油、包装生锈、油脂混浊不清、有沉淀物或泡沫。

（5）饮料类：包装不完整、有凝聚物或其他沉淀物、有杂物、凹凸罐。

（6）糖果饼干：包装破损或不完整、内含物破碎或受潮、有发霉现象。

（7）冲调饮品：包装不完整、有破损、凹凸罐、内含物因受潮成块状、真空包装漏气。

（8）米及面食：内含物混有杂物、受潮、结块、生虫或经虫蛀、发芽或发霉。

须知四：生鲜商品验收标准

对生鲜商品的验收以感官法为主，主要有视觉检验法、味觉检验法、嗅觉检验法、触觉检验法，具体如图7-9所示。

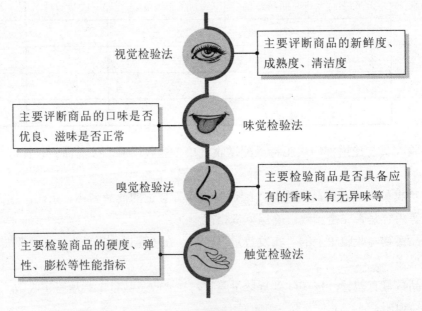

图7-9　生鲜商品检验方法

1.冷冻冷藏品

（1）注意保质期：收货时要检查商品的保质期限，如果超过保质期的1/3，就要拒收并退回。

（2）注意质量：收货时要检查商品是否变质，如冷冻品是否有融化变软现象，包子、水饺、汤圆类是否有龟裂现象，乳品、果汁是否有膨胀、发酵现象。

（3）注意包装：在收货时要检查商品的外包装箱是否有腐化、破损，并且检查商品包装是否有污点、膨胀、破损，如是真空类包装不能有脱空现象。

2.蔬果

对于果蔬类原料，验收员必须索取检验报告单。所有果蔬类原料验收时必须倒袋换筐，所有有颜色胶袋必须去除，采用菜篮盛装。

果蔬类原料总体要求为无腐烂、规格均匀、无冻伤、无失水、无严重机械伤、无病虫害、无过多黄叶、利用率高、气味和滋味正常、无泥沙、无外来杂物。

蔬菜检验报告单如图7-10所示。

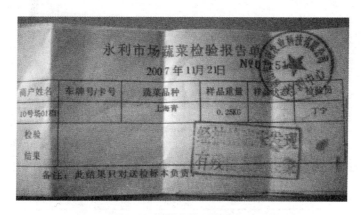

图7-10　蔬菜检验报告单

（1）蔬菜类。不同的蔬菜检验注意要点如图7-11所示。

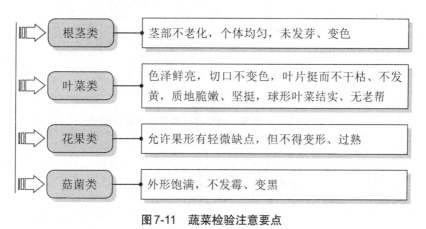

图7-11　蔬菜检验注意要点

（2）水果类。水果类验收标准，详见采购标准要求。

须知五：肉类检验检疫票据验收

1.猪肉检疫票据

猪肉检疫票据主要包括动物检疫合格证明（如图7-12所示）、肉品品质检验合格证（屠宰场肉品品质检验合格证）、动物及动物产品运载工具消毒证明（如图7-13所示）、出县境动物产品检疫合格证明（非本市）（如图7-14所示）、“瘦肉精”检测合格证明、非疫区证明（非本市）。

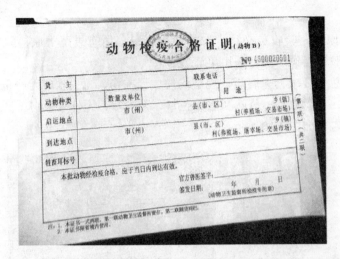

动物检疫合格证明（动物B）

№ 4500020501

货 主			联系电话		
动物种类		数量及单位		用 途	
启运地点	市（州）	县（市、区）	乡（镇）村（养殖场、交易市场）		
到达地点	市（州）	县（市、区）	乡（镇）村（养殖场、屠宰场、交易市场）		
牲畜耳标号					

本批动物经检疫合格，应于当日内到达有效。

官方兽医签字：

签发日期： 年 月 日

（动物卫生监督所检疫专用章）

图7-12　动物检疫合格证明

动物及动物产品运载工具消毒证明

货主：张 一　　№ 011734857

承运单位	××省××县四通运输公司		
运载工具名称	汽车	运载工具号码	粤A88888
启运地点	××省××县	到达地点	YY省YY县
装运前业经	0.5%消特灵喷雾消毒	消毒单位（章） 年 月 日	
卸货后业经	消毒	消毒单位（章） 年 月 日	

二联 交承运单位

图7-13　动物及动物产品运载工具消毒证明

出县境动物产品检疫合格证明

货主：　　№ 27070051

产品名称		单位		数量（大写）	
启运地点				到达地点	
备 注					

本证自签发之日起____日内有效

动物检疫员（签章）

单位（章）

年 月 日签发

铁路（航空、水路）

动物防疫监督（签章）

年 月 日

二联 交货主

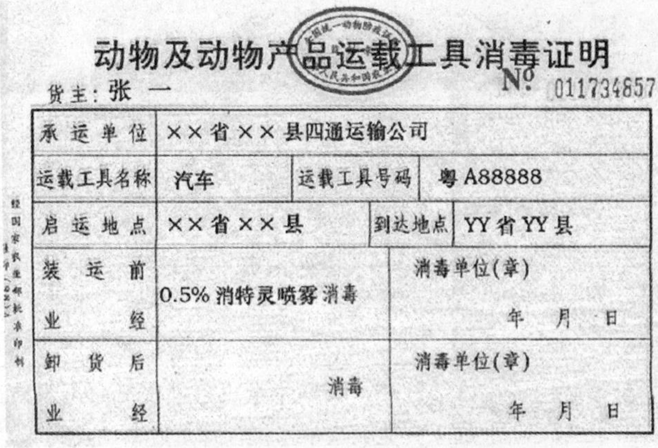

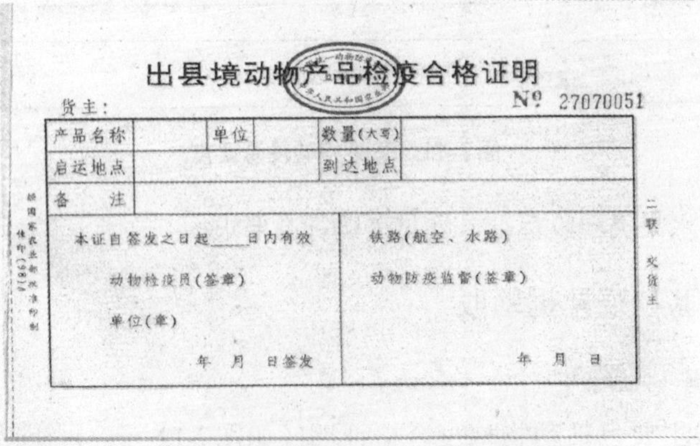

图7-14　出县境动物产品检疫合格证明

2.其他肉类票据

其他肉类票据主要包括：动物产品检疫合格证明、动物及动物产品运载工具消毒证明、出境动物产品检疫合格证（非本市）、清真畜禽屠宰认证标志（牛羊肉）。

须知六：肉质检验验收标准

1.猪肉验收标准

（1）肌肉红色有光泽，脂肪洁白；外表微干或微湿润，不黏手；弹性良好，压后凹陷能立即恢复；具有鲜猪肉的正常气味；无泥污、血污，肉边整齐，无碎肉、碎骨；按标准部位分割，精肉无多余脂肪。

（2）猪肉上有"检验检疫合格"公章印。

（3）猪肉上有检验检疫刀口。

2.运输工具要求

（1）运输肉类制品的送货车应为冷藏车，温度维持在2℃左右。

（2）做好运输车辆或容器、储藏冷库、加工间、加工设备、人员及工具的卫生管理及消毒工作。

（3）肉类陈列工具要卫生干净。

3.肉类验收原则

（1）先入为主原则。肉类验收要在所有商品验收之前。

（2）快速入库原则。验收一批入库一批，不允许出现等待一起入库的现象。

（3）所有肉类商品的验收、入库时间不得超过20分钟。

（4）在收货后应迅速进入冷库，尽量减少暴露在常温下的时间。

第三节 不同类型退货管理

类型一：本地退货

（1）每日16:00后（含采购发起），仓管员打印前一日生成的"退货通知单"（见表7-10），传相关使用部门主管签收。

（2）使用部门员工根据"退货通知单"，将待退货商品按单、按供应商装箱，并与仓管员交接退货商品实物。

（3）退货交接后，仓管员对退货进行封箱，并将封好的箱按部门或类别摆放，集中存放在仓库退货区。

（4）供应商办理退货时需要凭退货单和有效身份证明到收货部投单，仓管员根据供应商编号，在系统中查询出对应的"退货单"，打印一式三联，然后找货。

（5）仓管员根据退货单号到退货区找出待退商品，同供应商一起清点实退数量。

（6）仓管员根据"退货单"在系统中录入"实退数量"，交采购主管审核确认。

> **小提示**
>
> 按实际退货数量记录,注意"实退数量"不得大于"审批数量";仓管员、供应商双方在"退货单"上签名。

(7)采购主管复核单据录入情况,核实无误后在退货单上签名,并注明"已确认"字样。

(8)仓管员将加盖退货专用章和已审核的"退货单"交回供应商。

(9)仓管员对已确认的"退货单"进行汇总、整理,单据按日归档、按月汇总。

表7-10 退货通知单

供应商名称: 　　　　　　　　　　　　供应商编号:
供应商送货单编号: 　　　　　　　　　本公司验收单编号:

商品类别	商品名称	单位	数量	退货原因

类型二:异地退货

(1)每日16:00后,仓管员打印前一日生成的"异地退货通知单"(见表7-11),传相关使用部门经理签收。

表7-11 异地退货通知单

本公司所在地: 　　　　　　　　　　供应商所在地:

供应商名称			供应商编号	
商品基本信息				
商品类别	商品名称	单位	数量	退货原因

(2)使用部门员工根据"异地退货通知单",将待退货商品按单、按供应商进行整理,根据商品实退数量填写"异地退货通知单",将"异地退货通知单"交仓管员清点实物。

(3)仓管员按"异地退货通知单"核对箱内实物和封箱标签上的商品实退数量,在通知单上签名。

（4）仓管员根据实退数量录入系统并审核单据，打印"异地退货单"。

（5）仓管员审核"异地退货单"并签名，将异地退货商品封箱；"异地退货单"第一联由仓管员留存，第二联传使用部门留存。仓管员将整理好的异地退货拼装在卡板上。

（6）配送车到达公司时，仓管员与验收员共同清点数量，并将"异地退货整理单"与异地退货商品一起返回供应商。

类型三：返配退货

（1）仓管员每日16:00后打印出前一日生成的"返配通知单"，传递相关使用部门。

（2）使用部门员工将返配商品按"返配通知单"进行整理。

（3）仓管员核实单据与实物，确认无误后双方在"返配通知单"上签名。

（4）仓管员将返配商品单独封存，待返配车到来时进行返配。

（5）仓管员根据装板情况将"返配单"交采购员制作"返配整理单"。

（6）配送车到达公司时，仓管员与验收员共同清点商品，仓管员在"派车执行表"上登记"返配整理单"号和板数，并装车、贴封条，"返配整理单"（贴在返配商品卡板上）与返配商品随配送车返回配送中心。

> **小提示**
>
> 如一份返配整理单对应多板货，需打印多联整理单，每板货上均需附对应的整理单，仓管员需在整理单上注明"共__板，第__板"。

第八章
餐饮企业库存作业控制

- 第一节 餐饮原料的存放
- 第二节 盘点与调拨
- 第三节 仓库卫生与安全管理

第一节　餐饮原料的存放

要点一：做好物品出入库记录

（1）仓管员对按采购计划采购的食品、调味品等进行验收，验收合格后做好入库记录。采购员应填写"餐饮企业物品入库单"（见表8-1），仓管员签收并入账。

表8-1　餐饮企业物品入库单

入库日期：

序号	名称	规格	数量	单价/元	供应商	生产日期	到期日期	备注

上述物品均已验收，质量符合要求，数量正确。
采购员：　　　　　　　　　　　　　　　　仓管员：

（2）领料时，领料人员填写"餐饮企业物品领料单"（见表8-2），仓管员核对后验秤出库，并做好出账记录。

表8-2　餐饮企业物品领料单

出库日期：

序号	名称	规格	数量	供应商	生产日期	到期日期	备注

上述食品均已验收，无过期食品。
领料人：　　　　　　　　　　　　　　　　仓管员：

要点二：明确食品储藏区域要求

1. 仓库位置

仓库应尽可能设在验收处与厨房之间，以便于将食品原料从验收处运入仓库及从仓库送至厨房。如果一家餐饮企业有几个厨房且位于不同楼层，则应将仓库安排在验收处附近，以便及时将已验收食品原料送到仓库，避免原料丢失。如图8-1所示。

图 8-1 食品仓库

2. 仓库面积

确定仓库面积时，应考虑到企业类别、规模、产品销量、原料市场供应情况等因素。一般仓库面积为餐饮企业总面积的 10%～12%。但是随着顾客对菜肴新鲜度要求的不断提高，食品原料仓库面积有越来越缩小的趋势。

> **小提示**
>
> 仓库面积既不能过大，也不应过小：面积过大，不仅增加了资本支出，而且会增加能源费用和维修保养费用，还可能会引起存货过多的问题；仓库面积过小，会导致仓库食品原料堆得太满，仓管人员既不易看到、拿到，也不易保持清洁卫生。

（1）菜单经常变化的企业，仓库面积最好大些。
（2）远离市场且进货周转期较长的企业，其仓库面积就要大一些。
（3）企业采购员喜欢一次性大批量进货的，就必须有较大面积的原料储存场地。

要点三：餐饮原料存放原则

入库的物品要贴上标签，注明入库时间、数量等，以便于领用发放、盘存清点，做到先进先出。如图 8-2 所示。

1. 分类存放

要根据原料的不同性质和储存要求，将其存入不同库房。
（1）干货、罐头、米面、调味品等无需冷藏的食品应放入干藏库。
（2）果蔬、禽蛋、奶制品等应存入冷藏库。
（3）需冷冻的海产品、家禽等应放入冷冻库。
（4）活的海鲜水产则应放入海鲜池。

图 8-2　入库物品需贴标签

2.科学摆放

仓库物品的摆放方法主要有以下 3 种，具体如图 8-3 所示。

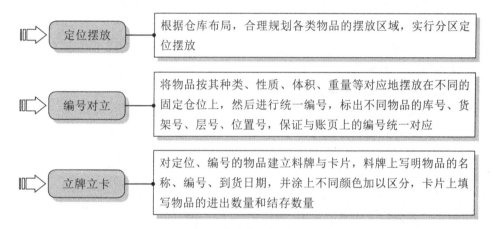

图 8-3　仓库物品摆放方法

摆放物品时会用到"物品存货卡"，具体见表 8-3。

表 8-3　物品存货卡

库房：　　　　　货位：　　　　　订货期：　　　　　编号：

日期	货物名称	单价	规格	供应商	入库量	出库量	库存余额

要点四：餐饮原料干藏管理

（1）食品应放置在货架上储存，货架应离墙壁 10 厘米、离地 30 厘米。

（2）食品要远离墙壁、自来水管道、热水管道和蒸汽管道。

(3) 使用频率高的食品，应存放在靠近入口的下层货架上。

(4) 重的食品应放在下层货架上，轻物放在高层货架上。

(5) 库中的食物应有次序地排列、分类放置。

(6) 遵循先进先出的原则。

(7) 不能放在货架上的食品，则应放在方便的平台或推车上。

(8) 各种打开的包装食品，应储存在贴有标签的容器里。

(9) 有毒的货物，如杀虫剂、去污剂等，不要存放在食品仓库内。

要点五：餐饮原料冷藏管理

1.餐饮原料冷藏基本要求

（1）冷藏食品应经过初加工，并用保鲜纸包裹，以防止污染和干耗。存放时应用合适容器盛放，容器必须干净。

（2）热食品应待凉后冷藏，盛放的容器需经消毒，并加盖存放，以防止食品干燥和污染，避免熟食品吸收冰箱气味。加盖后要易于识别。

（3）存放期间为使食品表面冷空气自由流动，放置时食品间的距离要适当，不可堆积过高，以免冷气透入困难。

（4）包装食品储存时不要碰到水，不可存放在地上。

（5）易腐的果蔬要每天检查，发现腐烂时要及时处理，并清洁存放处。

（6）鱼虾类要与其他食品分开放置，奶品要与有强烈气味的食品分开。

（7）存、取食品时需尽量缩短开启门或盖的时间和次数，以免库温产生波动，影响储存效果。

（8）要随时关注冷藏的温度。

（9）定期进行冷藏间的清洁工作。

2.不同原料的冷藏温湿度要求

不同原料的冷藏温湿度要求如图8-4所示。

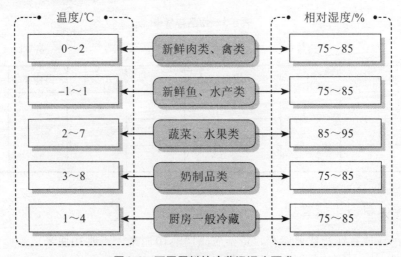

图8-4 不同原料的冷藏温湿度要求

要点六：餐饮原料冻藏管理

1.餐饮原料冻藏管理基本要求

（1）冰冻食品到货后，应及时将其置于-18℃以下的冷库中储藏，储藏时要连同包装箱一起放入，因为这些包装材料通常是防水气的。

（2）所有需冻藏的新鲜食品应先速冻，然后妥善包裹后再储存，以防止干耗和表面受污染。

（3）存放时要使食品周围的空气自由流动。如图8-5所示。

（4）冷冻库的开启要有计划，所需要的物品要一次拿出，以减少冷气的流失和温度波动。如图8-6所示。

 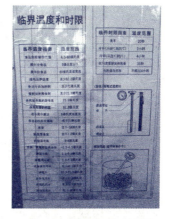

图8-5 注意空气流通　　图8-6 冷冻库开启计划

（5）需除霜时应将食品移入其他冷冻库内，以彻底清洗冷冻库，通常应选择库存最少时除霜。

（6）取用应实行先进先出的原则。

（7）时刻保持货架的整齐清洁。

（8）定期检查冷冻库的温度情况，并记入冷冻库温度检查表，具体见表8-4。

表8-4　冷冻库温度检查表

月份：

日期＼温度＼时间	7:00	9:00	11:30	14:00	17:00	20:00	22:00	检查人员
1								
2								
3								
...								
31								

2. 冻藏原料库存时间

冻藏原料的库存时间如图8-7所示。

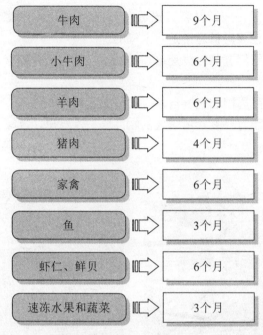

图8-7　冻藏原料的库存时间

以下提供一份冷冻库管理规定范本，供读者参考。

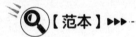

××餐饮企业冷冻库管理规定

（1）冷冻库只存放厨房备用食品、原料及容器，不得存放其他杂物。员工私人物品一律不得存入其内。

（2）冻藏食品及原料必须处在冰冻状态时才能进入冷冻库，避免将已经解冻的食品及原料送入冷冻库内。

（3）冻藏大块原料须单独存放，小型及零碎原料置盘、筐内集中存放；所有物品必须放在货架上，并至少离地面25厘米、离墙壁5厘米。

（4）加强冻藏品计划管理工作，坚持"先存放，先取用"的原则，交替存货和取用。

（5）定期对冷冻库进行清洁整理，定期检查食品及原料质量，并定期对冷冻库进行清理、消毒，保持其卫生整洁。

（6）控制进入冷冻库人员的数量，做到计划、集中领货，减少库门开启次数；由专人定期进行盘点，将盘点情况向厨师长汇报。

（7）经常检查，确保冷冻库达到规定温度，如发现温度偏差，应及时与厨师长和工程部联系解决，不得自行修理。

要点七：酒水保管与储藏

1.葡萄酒

（1）酒瓶必须斜放、横躺或倒立，以便酒液与软木塞接触，保持软木塞的湿润。如图8-8所示。

（2）理想的储存温度为10～16℃，相对湿度为60%～80%，但湿度超过75%时酒标容易发霉。

（3）恒温比低温更重要，要远离热源，如厨房、热水器、暖炉等。

（4）避免强光、震动对酒类的伤害。

（5）避免与有异味的物品如汽油、溶剂、油漆、药材等放置在一起，以免酒吸入异味。

图8-8 葡萄酒存放

2.白酒

白酒的保存是很讲究的，保存好的话，酒就会越放越香。在白酒的保存过程中，要讲究温度、相对湿度还有密封度，还要注意装酒的容器，容器封口要严密，防止漏酒和"跑度"。温度一般不得超过30℃。

3.啤酒

储藏啤酒的仓库应保持场地清洁、干燥、通风良好，严防日光直射，仓库内不得堆放杂物，储运温度应保持在5～20℃。

4.果酒

保藏果酒时，应注意清洁卫生和封口牢固。温度应保持在8～25℃，相对湿度保持在75%～80%。不能与有异味的物品混杂。瓶酒不应受阳光直射，因为光照会加速果酒的质量变化。

5.黄酒

（1）黄酒最适宜的储存温度一般在20℃以下，相对湿度是60%～70%。黄酒的储存温度不是越低越好，低于-5℃就会受冻、变质、结冻破坛。所以，黄酒不易露天存放。

（2）黄酒堆放平稳，酒坛、酒箱堆放高度一般不得超过四层，每年夏天倒一次坛。

（3）黄酒不宜与其他有异味的物品或酒水同库储存。

（4）黄酒储存时不易经常受到震动，不能有强烈的光线照射。

（5）不可用金属器皿储存黄酒。

第二节　盘点与调拨

要点一：仓库定期盘存

1.定期进行盘存

仓库盘存一般每半个月要进行一次。通过盘存，仓管员可以明确重点控制哪些品种及采用何种控制方法，如暂停进货、调拨使用、尽快出库使用等，从而减少库存资金占用，加快资金周转，节省成本开支。

条件允许的话，仓管员应每天对库存物品进行检查（特别是冰箱和冰库内的库存物品），存量不够的物品应及时补货，滞销的物品应减少或停止供应，以避免原材料变质造成的损失。

餐饮企业应根据当前的经营情况合理设置库存量的上下限，每天由仓管员进行盘点控制，并坚持原材料先进先出的原则，以保证原料的质量。

> **小提示**
>
> 对于一些由于淡季滞销的原料，应及时加大促销，避免原料过期造成浪费。

2.保质期管理

餐饮企业的食品原料都有一定的保质期，因此，所有仓储的物料都必须有标签，并规定一定的保存预期。发现过期食品时应及时处理，并填写"过期食品处置单"，具体见表8-5。

表8-5　过期食品处置单

过期食品处理申请（名称、数量、过期原因）：		
仓管员：		日期：
仓库主管意见：		
签名：		日期：
采购经理意见：		
签名：		日期：
处理结果：		
处理人：	见证人：	日期：

3.建立严格报损制度

针对原料变质、损坏、丢失等现象,餐饮企业应制定严格的报损制度,如为餐具等制定合理的报损率,超过规定时必须分析说明原因,并与奖金、考核成绩相挂钩。

4.月底盘点

月底盘点是一项细致的工作,是收集各项分析数据的基础。盘点结果的准确与否,直接影响着成本分析的准确度。盘点时需要用到的表格见表8-6和表8-7。

表8-6 餐饮企业仓库盘点表

类别	品名	单位	规格	单价	上月结存		本月购入		备注
					数量	金额	数量	金额	
蔬果	小青菜								
	白菜								
	苹果								
	……								
肉	猪肉								
	牛肉								
	鸡肉								
	……								
干货	海带								
	木耳								
	干鱿鱼								
	……								
酒水	啤酒								
	白酒								
	……								
调味品	酱油								
	醋								
	……								
化学品	消毒水								
	洗涤剂								
	……								
一次性用品	一次性手套								
	一次性口罩								
	……								
……									

表8-7 物品库存月报表

月份：　　　　　　　　　库房：　　　　　　　　　编号：

种类	名称	单价	当月入库		当月出库		库存余额	
			数量	金额	数量	金额	数量	金额

要点二：库外存货盘点

1.库外存货

存货盘点不仅仅是对库内物品进行盘点，对库外存货也要盘点，因为许多企业每日会在厨房中留存大量的物品，比如尚未使用或尚未使用完的食品原料、调味品、酱汁、饮料等，这些都是库存的一部分，一般称为库外存货。

2.盘点时间

库外存货不需要每月盘点，可每季度进行一次，季中各月的库外存货可以估计，具体数字可以低于或高于季度实际盘存数。

一般情况下，库外存货的估计数最好不要每月变动。占采购资金比例较大的是肉类、禽类、海鲜类等主要食品，因此只要取得主要项目盘存数，以此为依据就可以将每月的仓库食品盘存总数予以调整。

要点三：实行定时发放

餐饮企业仓库物品必须实行定时发放管理，这样可以使仓管员有更多的时间整理仓库、检查各种原料的情况，以免成天忙于发料而耽误了其他必要的工作。

（1）对领料时间作出规定，如上午8:00～10:00、下午2:00～4:00。仓库不要一天24小时都开放，更不能任何时间都可以领料，如果这样，原料发放工作就会失去控制。

（2）应该规定领料部门提前一天送交领料单，不能让领料人员立等取料，这样仓管员便有充分时间准备原料，以免出差错，而且还能促使厨房制订周密的用料计划。

在发放物品时，领料部门和仓库会用到"领料单"和"物品领用登记汇总表"，具体见表8-8和表8-9。

表8-8 领料单

领用部门：　　　　　　　　　　　　　　　　日期：

编号	申请数量	单位	物品名称	规格	发出数量	单价	金额
合计							

领料人：　　　　　　　　　部门经理：　　　　　　　　　仓管员：

表8-9 物品领用登记汇总表

日期：

材料类别	数量	领用部门	金额
水产			
肉类			
禽蛋			
乳品			
蜜饯			
干货			
珍品			
调味品			
罐头			
粮油			
腌腊食品			
水果			
饮料			
酒水			
卷烟			
……			
合计		合计	

要点四：内部原料调拨

大型餐饮企业往往设有多处餐厅、酒吧，因而通常会有多个厨房，餐厅之间、酒吧之间、餐厅与酒吧之间难免发生食品原料的互相调拨转让，而厨房之间的原料调拨则更为普遍。

为了使各自的成本核算达到应有的准确性，内部原料物资调拨应坚持使用调拨单，以记录所有的调拨往来。

调拨单应一式四份，除原料调出、调入部门各留存一份外，一份应及时送交财务部，一份由仓库记账，以使各部门的营业结果得到正确的反映。内部调拨单见表8-10。

表8-10　原料内部调拨单

调入部门：　　　　　　　　　　　　　调出部门：
　　　　　　　　　　　　年　月　日　　　　　　　　　　No.

品名	规格	单位	请领数	实发数	金额	备注
合计						

第三节　仓库卫生与安全管理

要点一：仓库安全管理

1. 防火

不准在收货区域内吸烟；人离开岗位时随手关灯，下班时关闭电源；易燃物品应按规定搬走和存放，并要设置消防器材；发现火灾隐患及时处理，并向上级领导报告。

2. 防盗

（1）收货区域的出入口需设防损人员，尤其是收货入口处。送货员或其他部门的人员进入收货区时必须佩戴胸牌，否则不许进入；进出收货区时，员工所携带物品必须经仓管员检查。

（2）收货区域内应装设监控装置，加强对收货的监控管理。

（3）物品的进出都必须有清单同行。

（4）退给供应商的物品应经由主管或经理批准，并与退货单同行方可出入。

（5）员工不能携带私人物品进入收货区域，如挂包、手袋等，所有私人物品均应存放到指定地方。

（6）员工不能在收货区域内接受供应商赠送的任何物品。

（7）不许在收货区域吃东西、闲聊或踩踏物品。

3. 防工伤

仓管员要做好自身的防护工作，避免在搬运、运输、装卸货品过程中受伤，具体见表8-11。

表8-11　工伤防护工作

序号	类别	具体操作
1	搬运	（1）必须按正确的姿势和操作规程操作，以避免自身受到伤害 （2）必须使用必要的个人防护用品，以保障人身安全 （3）正确使用搬运工具，专业工具由专业人员操作 （4）注意周围的环境，既避免危险因素的侵害，又避免伤及周围的同事或设施等
2	运输	（1）正确使用运输工具，主要是手动叉车、运输车等 （2）保证物品摆放符合安全标准，要摆放整齐、稳固 （3）注意空车作业过程的安全，如空车时不能载人等 （4）必须随时注意通道是否畅通，是否有积水、垃圾和障碍物
3	装卸	（1）必须按正确的姿势操作，以避免自身受到伤害 （2）必须使用必要的个人防护用品，以保障人身安全 （3）以适当的方式进行装卸，避免野蛮装卸 （4）装卸后的物品应摆放在安全区域内，不能随便放在通道上，以免伤及过往的其他同事

要点二：仓库卫生管理

1. 物品卫生

（1）用栈板码放物品，以防物品受潮。

（2）物品码放时不得紧贴墙壁，至少留有5～10厘米的空隙。

（3）防鼠、防蟑螂等设备齐全，定期做好害虫灭害工作。

（4）洗衣粉、清洁剂等日化用品不得与食品存放在一起，以防污染。

（5）仓库应保持良好的通风，温度不宜过高。

2. 个人卫生

（1）仓管员在工作时应穿着工装，并保持干净。

（2）指甲要剪短，不要涂指甲油或佩戴饰物。

（3）患有皮肤病、手部有创伤和脓肿者或患有传染疾病者不得接触生鲜食品。

（4）不得随地吐痰。

3. 设备卫生

（1）每天清洗并擦干净电子秤，做到防水、防晒、防潮。

（2）每天清洗叉车和空板。